DAS CAFÉ

WALTER VOGEL

Das Café

VOM REICHTUM EUROPÄISCHER KAFFEEHAUSKULTUR

VERLAG CHRISTIAN BRANDSTÄTTER WIEN

Meinem Vater gewidmet

INHALT

Introduktion

VERBORGEN - GEBORGEN: DAS CAFÉ ALS EIN FLUCHTPUNKT

Wann und wo auch immer auf Reisen, suche ich mir als erstes ein Kaffeehaus, um mit einer gewissen Euphorie den Tag zu beginnen. Ohne Frage spielt die Qualität des Kaffees bei der Wahl eine entscheidende Rolle.
Meine Kriterien folgen nicht Buñuels puristischer Vorstellung von einer kathedralenhaften, frauenfreien Zone, in der ihm bequeme Polster und sein Lieblingsgetränk Martini Dry bereitzustellen sind – zumal ein Kaffeehaus keine Cocktailbar ist. Dennoch sollten gewisse Voraussetzungen erfüllt sein, so die Vorstellung, ein Kaffeehaus habe sich elegant, nicht überladen, darzustellen, und der Wunsch nach Ruhe und Abgeschiedenheit, nach einer die angekratzte Psyche heilenden Gesamtatmosphäre. Es ist vor allem jegliche Hektik, die mir zuwider ist. Ich verabscheue lautes Reden, stakkatohaftes Gelächter, das garantiert einen schlechten Witz zur Ursache hat. Allenfalls akzeptiere ich das Klappern von Geschirr, halblaute Zurufe der Ober oder Baristen, ja, das Aufkreischen der Kaffeemühle, weil daraus Gutes entsteht.
Musik? Weiche, sentimentale Klänge, die aus der Ferne kommen, den Raum keinesfalls akustisch zum Knistern bringen. Hartes Sonnenlicht scheue ich ebenso wie jedwede Art greller Beleuchtung, die nichts in einem Kaffeehaus zu suchen hat, der Platz muß hell genug sein, damit man ohne Mühe die Zeitung lesen, den Stadtplan studieren kann. Gedämpftes Licht – ich erinnere an die Milchglasscheiben von Harry's Bar in Venedig, die zudem von der Außenwelt abschirmen. Ein Freund düsterer Höhlen bin ich nicht. Auch die Geruchsatmosphäre wünsche ich auf meine Nase abgestimmt. Der Duft des Kaffees, der, frisch gemahlen, aus der Mühle hochsteigt, allenfalls der eines teuren Zigarrillo. Die Nähe einer Frau? Nur wenn ihr Parfüm nicht zu süß, zu aufdringlich, ihre Präsenz nicht beunruhigend ist. Und die Herren: keinesfalls von sportlichem Kaliber, sondern von unaufdringlicher eleganter Erscheinung.
Meiner Vorliebe für bestimmte Cafés entspricht die Geographie und die Zeit des Tages. In Wien, einer der mit Kaffeehäusern gesegneten Städte, fällt es mir nicht schwer, mich für das Prückel zu entscheiden – unspektakulär, mit heiterer Atmosphäre und stets einem ruhigen Platz, liegt es zudem in der Nähe meines Hotels. Salzburg ist gleich Tomaselli, eine einfache Wahl ohne Qual. Gran Café oder Odeon an einem frühen Züricher Morgen? In Budapest tappe ich zum ersten Espresszó ins Anna Café, erst zum Lunch geht es ins Gerbeaud. Seit sich der heilige Louvre ein gläsernes Häubchen zugelegt und damit unendlichen Trubel heraufbeschworen hat, verkrieche ich mich ins eher unscheinbare Le Mazarin an einem der Grand Boulevards oder sitze bei Madame Jeannette.
Das Einstein in Berlin hat alles. Mein Lieblingsplatz liegt am Fenster gegenüber der Bar – dieses wundervolle Gebilde im Blickfeld zu haben, den Baristen bei ihrer Arbeit zuzuschauen, die Espressomaschine vor Augen, nicht versteckt in einer anonymen Küche, sind zusätzliche Stimulanzien um den „großen Schwarzen“ herum.

Walter Vogel. Selbstporträt im Caffè Fiorio, Turin.

Die Geographie des Kaffees

Der Wiener Kaffee hat den Charakter der Wiener, er ist charmant, ohne archaische Ausbrüche zu verursachen – Mozart statt Verdi, während der Genuß eines einzigen italienischen *caffè* die Grundwerte des Seins erschüttert. Der *café* in Barcelona, Madrid und Zürich ähnelt dem der Wiener und garantiert einen freundlichen Beginn des Tages, während Reisen durch die französische Provinz sich als entsagungsreich erweisen. Selbst in Paris, Stadt höchster Genüsse, gilt es jedesmal aufs neue, den Kampf mit dem Maître zu bestehen, das Sieb voller und fester zu stopfen, dem *café* etwas mehr Dichte zu verleihen, um das Brühheiße bereits auf dem Weg vom Kaffeeaustritt bis zum Aufplätschern in der Tasse durch reduzierte Auslaufgeschwindigkeit auf ein vernünftiges Schmeckmaß zu reduzieren. Dem *café* kann im Grundsätzlichen und in zahllosen Varianten Milch oder Alkohol beigegeben werden, und es ist müßig, darüber zu streiten, ob es sich dabei um Verfeinerung handelt oder nicht. In jedem Fall entsteht ein neues Getränk, ob nun aufgeschäumte Milch oder Apfelsinenlikör plus Sahne hinzugegeben wird, Whisky oder Magenbitter. Bei Reisen durch Deutschlands Kaffeelandschaft ist das Unterfangen mühevoll, einen gehaltvollen Tropfen ausfindig zu machen, der goldbraun-cremig oder würzig-schwarz vom Kaffeestrauch stammt. Es fehlt das kleine Kaffee-Einmaleins, und Bezeichnungen wie „ristretto", auf Getränkekarten in Zürichs Kaffeehäusern geführt, werden hier möglicherweise mit der Arie des Troubadour verwechselt.

Oben:
Berlin. Café Einstein.
Rechts:
Kleiner Schwarzer.

Gegenüber:
In der Lagerhalle der Firma Alois Dallmayr, München. Das Rohmaterial in den prüfenden Händen des Kaffeemeisters. Die Mischung der Sorten und die Röstung entscheiden über Qualität des Endprodukts. Die Grundlage eines jeden Kaffeehauses.

Paris. Café La Point St. Eustache.
Rechts: Mailand. Caffè-Pasticceria Taveggia.

Verona. Signor Giesa, Caffè Dante.

Es wäre zu einfach, auf das Netz der Stiefel-Gastronomie hinzuweisen, deren Betreiber es nicht nur schaffen, uns auf engstem Raum ihre lukullischen Kunststücke vorzuführen, sondern auch mit der gleichen Sorgfalt, mit der sie sich dem Salz-Pfeffer- und Öl-Essig-Set zuwenden, ihren *caffè* zelebrieren und die Atmosphäre eines ganzen Landes in die kleine Tasse zaubern.
Osteuropäische Länder sind unbesorgt ohne Kaffee-Set im Koffer zu bereisen – jenes Aluminiumtöpfchen nebst Kocher, Wasser, Kaffeepulver und Zucker, das der Italiener stets auf Reisen mit sich führt und das sich an manch deutscher

Autobahnraststätte als letzte Rettung erwiesen hat.
Wer glaubt, Richtung Nord eine Espressobar in seinem Caravan installieren zu müssen und in den Ländern der Seen und Wälder würde nur heißer Wacholdertee geschlürft, der irrt. Was dem Italiener seine Bar, ist dem Finnen seine „Baari". Der Kaffeekonsum soll dort während desTages so gewaltig sein, daß die Einnahme von nur einer Tasse vor der Nachtruhe schon als Entzug gilt und für sofortigen Tiefschlaf sorgt.
Doch gibt es auch sie, die deutschen Quellen des blubbernden, braunen Glücks: Autobahnabfahrt Richtung Stadtzentrum Leipzig, auf einer der rotgeampelten Straßen liegt rechter Hand das Paunsdorf-Center – , „da haben noch bis vor kurzem die Frösche gequakt...", – eine gigantische Supermarktlandschaft, deren Architektur eher auf eine Weltraumbehörde schließen läßt als auf Einkaufspaläste. Rolltreppe rauf winkt das Café Azzurro: deutsche Leitung, keine italienische Mama an der Espressomaschine, sondern Frau Gisela Lörz. Meine Stimme, mittlerweile rauh von kaffeebezüglicher Bitternis und voller Ironie: „Einen Espresso bitte, aber kurz!" Da kommt im „Blümchenkaffee"-Land Sachsen ein Schälchen wunderbar auf die Theke – ein *doppio ristretto*.

Leipzig. Café-Bar Azzurro.

Links: Prag. Segafredo Espresso.
Unten: Warschau. Café Blikle.

Links: Lissabon. Café A Brasileira.

Worin unterscheiden sich Einspänner und Fiaker? Ersterer besteht aus schwarzem Kaffee mit Sahnehäubchen, während der „Fiaker", ohne Obers im Glas serviert, zumeist mit Rum versetzt wird – beide dienten wohl einst in Wien der inneren Erwärmung der Kutscher ein- und zweispänniger Pferdedroschken während der Wartezeiten im Winter.

Wien. Café de l'Europe, in der Zwischenzeit umgestaltet. Ein hervorragender café, *und auch die Rushhour am Morgen erinnert an italienische Bars. Das 1874 erbaute Stammhaus befand sich bis zu seiner Zerstörung 1945 um die Ecke am Stephansplatz 8a.*

Café Diglas, Wien.

Die Gastronomie des Kaffeehauses

Was für Signora Falcioni, die Chefin des Caffè San Carlo in Rom gilt, hat Allgemeingeltung: „Der *caffè* macht etwa 30 Prozent aus und läuft das ganze Jahr, zieht 'das andere' mit sich..." Die Lokalität an der Via del Corso bietet nicht nur die Caffè-Bar, sondern auch Crêperie, Luncheonette, Gelateria – eine Mehrzweck-einrichtung als Angebot für jeden Geschmack.

Wiens Kaffeehäuser sind auf kleine Speisen spezialisiert, eine Entscheidung der Ökonomie, Küche und Personal in Grenzen zu halten. Und warum nicht Frankfurter mit Senf, um sich über den Tag zu retten, nebst einer Portion Kren, dessen Schärfe jedes Virus killt? Oder Ham & Eggs bei Tomaselli in Salzburg, die die Mozartstadt zu einem unvergeßlichen Erlebnis machen? Wenn ich in Turin bin und im Caffè Platti vor der Lunchtime in den prachtvollen, rückwärtig gelegenen Speisesaal schleiche, wird klar: Da muß auch dem nicht ganz und gar Ausgehungerten das Wasser im Mund zusammenlaufen – Saures und Geräuchertes, Fisch und Geflügel, Pasteten und Salate, Provolone und Prosciutto, Pfirsich und Melone, dazwischen Schalen mit Mandelkernen und Oliven, gekrönt von einem Kuchen- und Tortenensemble. Auch auf der Bartheke stapeln sich um diese Zeit bereits die Köstlichkeiten. In feineren italienischen Caffè-Bars gehören Appetizers zum Standardangebot, Toast mit Lachs oder Sardellen, Ei und Salami, beliebt sind Kartoffelchips, Salzgebäck, dazu Prosecco ...

Bei einem Aufenthalt in Frankreich gibt es keine bessere Entscheidung, als sich – ob als Vor-, Zwischen- und Hauptgang – für ein Baguette Camembert zu entscheiden. Das den schmelzweichen Käse umgreifende Petit pain allein ist schon ein Hochgenuß.

Zu den Überraschungen der angenehmen Art zählt es aber, wenn im feinen Gijon ein Teller gerösteter Sardinen serviert wird.

Links:
Carlos da Silva, Maître d'Hôtel im Grand-Café des Négociants, Lyon.

Unten:
Zum Lunch: Salade des Négociants – pürierte Krabben mit Mayonnaise, Palmenherzen und Pampelmusen. Dazu einen Rosé, Côte de Provence.

Gebackene Rotbarbe und Kartoffeln in zerlassener Butter, dazu ein Glas Pinot Grigio als Lunch im Frankfurter Opern-Café.

*Im Wiener Café Eiles photographiert und anschließend verspeist – Würstchen, die in Wien Frankfurter heißen, in Frankfurt Wiener.
In Frankfurt sind Frankfurter die lang geratenen, geräucherten Schwestern der Wiener.*

Das Wiener Schnitzel im Wiener Café Prückel. Ein gewisses Grauen überfällt den, vor dem sich zum erstenmal ein echtes Wiener Schnitzel ausbreitet. Ein Flatschen kontinentaler Größe, dessen Unbezwingbarkeit beim Anschneiden des gerade kartonstarken Fleischstücks ins Wanken gerät.

Oben: Baratti & Milano in der Galleria Subalpina, Turin. Eine Konfekt- und Kuchentheke, deren Front mit Süßigkeiten kein Ende nimmt. Details dieser Parade: Chantilly und Soupir links auf dem Tablett, rechts Bignole, wie auch immer die Inhalte gemischt, gewürzt und gesüßt sind.

Rechts: Caffè-Pasticceria Biffi, Mailand. Der Pasticciere Michele mit einer Panettone. In Italien herrscht Frieden, was die caffè*-Konkurrenz betrifft, um den Kuchen wird heftigst gestritten: Wer hat die leckerste, lockerste Panettone im ganzen Land? 1847 gegründet, reklamiert das Biffi die Erfindung für sich. Die Produktion hatte sensationellen Erfolg, und unter den Kunden soll auch Papst Pius IX. gewesen sein. So will es die Firmensaga. Jedenfalls wird hier dieser genial einfache Rosinenkuchen sogar als Firmensymbol verarbeitet. Die Hauptingredienzien Mehl, Butter, Eier krönen die Buchstaben BIFFI.*

Hard Rock Café, Frankfurt. Metalltische, lederbezogene Sitzpolster, an der Decke sind Monitore zur Übertragung von TV-Musiksendungen befestigt. Design: Peter Engelhardt.

Interieurs

Gegenüber: Hof-Konditorei Demel, Wien. 1786 gründete Ludwig Dehne das Unternehmen, an das bis heute nicht nur das fürstliche Dekor des Kaffeeraums erinnert, sondern vor allem jenes in den oberen Räumen, die 1985 restauriert und in ihren Originalzustand versetzt wurden.

Rechts: Der klassische Barhocker. Café Einstein, Berlin.

Kraft, Schönheit und Tonlage einer Gesangsstimme sind unabhängig von der sie umgebenden Kulisse, dennoch wird die Arie des Figaro vor rokokohaftem Theaterhintergrund anders klingen als in einem Großraumbüro.
Ähnlich beim *café*-Genuß. Das Ambiente eines Kaffeehauses beeinflußt die Geschmacksnerven. Intuitiv wählt man einen Raum, der mit seiner Ausstattung, Dekoration und Lichtatmosphäre einen positiven Einfluß nimmt. Die Bestuhlung spielt eine wichtige Rolle: New-look-Cafés mit Stahlrohrmöbeln für die jüngere, weinrote Samtpolster für die ältere Generation. Hier eine Tischanordnung für enges Beieinander, dort ein großzügiges Raumangebot für den Individualisten, der den Eckplatz am Fenster sucht und Rückendeckung.
In Amsterdam sitze ich gerne im Luxembourg, mit Blick über die Terrasse zur Straße. Drehung rechts über den Zeitungstisch zur Bar – ein Raum mit gedämpftem Licht, ausgestattet mit

Oben:
Grand-Café-Restaurant Raffle's, Amsterdam. Interieurs im Kolonialstil.

Rechts:
Grand Café Moulins, Moulins. Blick von der Empore des Orchesters in den großen Saal – Vervielfältigungseffekt durch Spiegelwände.

dunklen Hölzern, die eine feine Stimmung erzeugen, nichts Aufregendes, Ablenkendes an sich haben, zum Träumen einladen. Ähnlich in Madrid, wo im Café Gijon die Vorstellung hinzukommt, in ein Polster gesunken zu sein, in dem Dalí seinen Abdruck hinterlassen hat oder gar Paloma Picasso – eine äußerst erotische Vorstellung. Metallene Sitzflächen hinterlassen allenfalls eine Spur von Reinigungsmitteln auf dem Hosenboden und das Gefühl von Kälte. Prunkvolle Räume absorbieren die Aufmerksamkeit, zudem ist eine Körperhaltung, die den Blick ehrfurchtsvoll zur Decke richtet, unbequem und ungeeignet, die Tasse zum Mund zu führen.
Einer der letzten Vertreter großer Luxusbauten zu Anfang des Jahrhunderts ist das Grand Café Moulins, 1899 von einem Kaffeehauskellner eröffnet: Ein Museum als Gebrauchsobjekt. Im Vergleich zu anderen Cafés dieser Epoche entspricht der Stil eher dem des Rokoko, einer Nachbildung, die gegen Ende des 19. Jahrhunderts wieder in Mode kam und sich in den mit Laubgirlanden verzierten Stuckwandpfeilern manifestiert. Den Eindruck der Leichtigkeit verstärken die Riesenspiegel, die die tragenden Wände verdecken.
Das Raffle's ist ein Beispiel für die Fundgrube Amsterdam, wo man sowohl neuestes Design von Innenarchitekten als auch Revivals von Cafés der 30er und 40er Jahre findet.

Oben:
Bestuhlung im Café Müvész, Budapest.

Rechts:
Cafeteria zur Münz, Zürich.
Ein anderes Beispiel für künstlerische Ausgestaltung eines Kaffeehausraums bietet die Cafeteria zur Münz in Zürich – ein gegen Diebstahl gesichertes Café, dessen Besitzer, die Privatbank Bär, Jean Tinguely inspirierte, den Deckenraum mit Mobiles auszugestalten. So ist der Raum zerschnitten in zwei Teile: bodennah die klassische Garnitur, chianti-rot die lederbezogenen Polster, Tische und Stühle vom Feinsten; die obere Raumfahrt schmucklos schwarz, in deren Nachthimmel Tinguelys Objekte ihr wunderliches Schnurren zum Besten geben – atmosphärische Beigabe für den Künstler, der bis zu seinem Tod jeden Samstag bei Kaffee und Kuchen seinem Werk einen Besuch abgestattet hat.

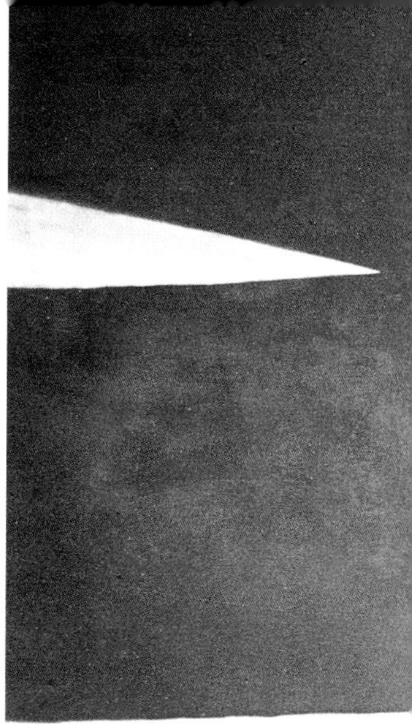

Café Les Deux Magots in Paris an der Place St-Germain-des-Prés.

Oben:
Grand Café Marly, Paris. Ein Meisterstück neueren Raumdesigns des Architekten Gilbert Costes. Unübertroffen elegant fügen sich die schlichten Elemente und das sparsame Dekor harmonisch in die historischen Räume des Louvre.

Links:
Barhocker im Anna Café, Budapest – ein Italienimport, auf dem es sich sogar bequem sitzen läßt.

Café Versailles, Lissabon.

Europas Kaffeehäuser

Eine Reise von Wien bis Lissabon

WIEN

Wer aus Deutschland kommt, findet in Wien ein Kaffeehaus-Schlaraffenland. Auf kaum mehr als einer Quadratmeile drängen sich die höheren Töchter dieser hochdekorierten Etablissements und buhlen um die Gunst einer wahrhaft einzigartigen Verehrerschaft, aus so unterschiedlichem Haus wie sie selbst. Im vornehmen Landtmann oder Schwarzenberg gibt man sich, atmet man anders als in der Tempo geladenen Atmosphäre rund um die Bar des Café de l'Europe; im Diglas, im Bräunerhof oder im Dommayer müßte man abwechselnd sitzen und die Zeit verstreichen lassen, im Sperl Billardspielern bei einer ruhigen Kugel zusehen, um sich hemdsärmelig im Eiles oder fein herausgeputzt im Sacher die auf ihre Art verlockenden Angebote vor Augen zu führen. Hawelkas Glanzzeit liegt in den „frühen Jahren“ – es dürfte kaum ein Café geben, dessen Winkel schärfer ausgeleuchtet wurden; die Creme der Wiener Literaten und Künstler traf sich dort im „verlängerten Büro“ der magnum-Redaktion, Franz Hubmann hielt diese Szene in eindrucksvollen Photos fest. Es war kurz nach neun, das Lokal lag

Das Johann-Strauß-Denkmal im Stadtpark.

Café Sperl

Etwas abseits der Ringstraße gelegenes traditionsreiches Kaffeehaus mit Billard.

MELANGE
SCHALE GOLD
MELANGE MIT MEHR MILCH
KLEINER / GROSSER BRAUNER
TÜRKISCHER KAFFEE
KLEINER / GROSSER SCHWARZER
EINSPÄNNER SCHWARZER MIT SAHNE
EISKAFFEE

CAFÉ HAWELKA

Der Künstler Alfred Hrdlicka mit seiner verstorbenen Frau beim obligaten Frühstück im Café Hawelka.

noch im Dämmerschein zweier Kugellampen, als ich das Café betrat. Der Raum ruhig und dennoch voller Leben. Das spärliche Licht brachte die Form der Tische und Stühle, die Strukturen der abgenutzten Polster, den blank

geschliffenen Boden heraus. Der Ober sortierte Zeitungen, und Herr Hawelka war in ständiger Bewegung. Erst einen großen Schwarzen, Arbeit an der Espressomaschine, dann inspizierte er den Raum, entdeckte einen wackeligen Tisch, rief den Ober um Hilfe, der einen Pappendeckel als Unterlage unter das zu kurz geratene Bein schob. Der große Schwarze stand vor mir, ich genoß den Raum als warme Höhle, die abschirmt vor rauher Wirklichkeit und den Tag in seinen engen Grenzen aufleben läßt. Alfred Hrdlicka schlurfte herein, grummelte in den Zeitungen herum, bis er seine Gummistiefel zu einem ausgedehnten Frühstück unterstellte. Langsam füllte sich der von Polstern und Bildern umspannte Raum. Hawelka, damals zweiundachtzig, marschierte auf und ab, half bedienen, putzte den Tisch, wienerte ein Tablett, tat gebrauchte Zeitungen zusammen, legte sie sorgfältig zurück. Ein Phänomen, dieser Mann, der 1939 sein Reich gründete, ein Fanatiker seines Berufes. Verehrung Exzellenz! Meine Hochachtung dem Kaffeehausfürsten Leopold Hawelka.

Geprägt von den Jahren – Leopold Hawelka, ein Fanatiker seines Berufes.

CAFÉ LANDTMANN

Café Landtmann beim Burgtheater (oben). Welcher Theater- oder Muskbegeisterte hat hier nicht schon einmal gesessen? Zum eleganten Publikum zählt von jeher Prominenz von der Bühne und aus der Politik.

Ein „Maria-Theresianer", angerichtet von Frau Maria, der Kaffeeköchin im Café Mozart. Die Getränkekarte verrät: „Eine Köstlichkeit aus großem, gezuckerten Mokka, Orangenlikör mit Schlagobersgupf und bunten Zuckerstreusel."

CAFÉ DOMMAYER

Ältestes Konzertcafé Wiens (gegenüber). Im einst zugehörigen Ballsaal spielten die Walzerkönige Lanner und Strauß (Vater und Sohn) auf. Hervorragender café *und die Atmosphäre eines feinen Wiener Kaffeehauses. Auf dem* Photo: *Oberkellner Helmut.*

Tarockspieler im Café Prückel.

CAFÉ PRÜCKEL

Architektur der Jahrhundertwende, heute mit einem Ambiente der fünfziger Jahre. Erhielt den Namen seines Besitzers vor dem Ersten Weltkrieg. 1919 übernahmen die Großeltern der derzeitigen Besitzerin das Lokal. Rechts: Mokka im Glas, angerichtet für die Gäste auf der Terrasse.

CAFÉ SCHWARZENBERG

Das Feine am Platz.
Elegant, ohne Übertreibung zum Prunk.

CAFÉ FRAUENHUBER

1824 übersiedelte das Kaffeehaus, das schon damals als solide und ruhig galt, in die heutige Himmelpfortgasse 6, wo es als Treff von Ruheständlern des Militärs und der Beamtenschaft galt, die sich zum Schach oder Kartenspiel einfanden.
Erst ab 1891 nannte es sich „Frauenhuber". Bis heute nobel in der Ausstattung, mit einer Bedienung, die ohne Hektik agiert, und, ganz unwienerisch, Bestellungen der Gäste in Ruhe entgegennimmt.
Auf dem Photo links: Oberkellner Franz.

Café-Restaurant Hotel Sacher

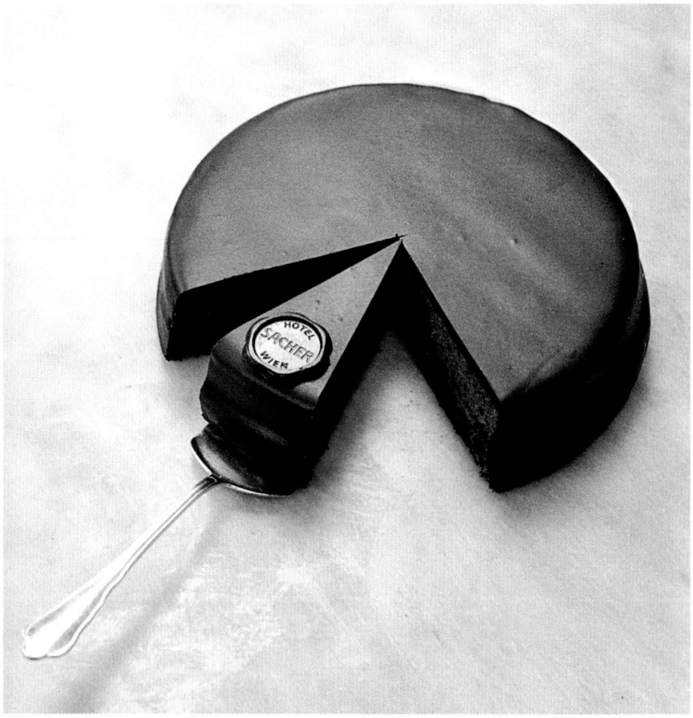

Zum Kaffee gehört Kuchen, verzeihen Sie, und im Café Sacher, so argwöhne ich, gehört der *café* zur Original-Sachertorte. Herr Chefkonditor Friedrich Pfliegler gewährte mir Audienz: In einer lauschigen Ecke des Foyers versuchte ich – vergeblich – dem Geheimnis dieser weltberühmten Torte auf die Spur zu kommen. Nicht was ihr Rezept betrifft, bewahre, man ist ja schließlich nicht indiskret – nein, wegen dieses vollkommenen Mißverhältnisses von großer äußerer Bescheidenheit und den Gaumen verzauberndem Innenleben. „Torten geben sich für gewöhnlich dekorativ, hier ein Sahnehäubchen, dort Rum getränkte Kirschen, Mandelsplitter, Zuckerguß, was weiß ich: Um auch nach außen zu demonstrieren, schaut, so lecker ich ausschaue, so lecker schmecke ich auch ...", so der Herr Chefkonditor, der sich ausschließlich auf die inneren Werte seiner Anvertrauten besann. „Wie es in der Musik Stücke gibt, die ins Ohr gehen, Jahrhunderte aushalten, so sehe ich die Sachertorte als vollkommene Schöpfung, die alle Zeit überdauert. Zur Schale *café* ist das Tüpfelchen auf dem i eine Torte, die ganz einfach aus der Reihe tanzt: hier kommt das Material zum Tragen, das raffinierte Gemisch aus Schokolade und Marmelade, ohne großen Firlefanz. Schlichte Eleganz! Abgesehen davon, diese so scheinbare Glasur gehört zum Anspruchsvollsten des Konditorhandwerks. Ihr Spiegel ist ihr Markenzeichen, damals bis heute."

Zu Ehren Metternichs kam dieses Glanzstück 1832 zum erstenmal auf den Tisch. Ein jugendlicher Erfinder namens Franz Sacher hatte das Glück des Ersatzmannes – der Chefkonditor war krank, das Kuchenlaboratorium verwaist. Fürwahr ein genialer Createur, der nicht nur Wohlgeschmack installierte, sondern vorausahnend eine Haut ohne zerbrechlichen Zierrat erfand, die sich später – kostbares Exportgut Sachertorte – willig der Verpackung fügte, um nach Reisen um die Welt unbeschädigt seine Adressaten zu erreichen.

Gegenüber: Café-Restaurant im Hotel Sacher. Serviererin Karin Schäfer.

Links:
Bei sich selbst zu Gast: Chefin Waltraud Hutter bei einer Verschnaufpause und einem Glas Sauvignon blanc mit dem „Geldonkel" des Bankhauses Krentschker & Co im Haus, das sich für den Erhalt dieses traditionellen Grazer Treffs eingesetzt und dafür Sorge getragen hat, daß weiterhin Kaffee und Kuchen statt Devisen verkauft werden.

OPERN-CAFÉ

Im Wintergarten (links und rechts unten).

GRAZ

Thekenfrau Sandra, verantwortlich für das Gelingen der verschiedenen österreichischen Kaffee-Kreationen

Das Opern-Café, Treff kultureller Zirkel, des Opern-Clubs, Drehscheibe für das Theatervolk ebenso wie das der Musikhochschule, präsentiert sich mit senffarbenen Lederpolstern eher modern – karmesinroten Samt wird man vergeblich suchen, Bordüren und Verblendungen, die das klassische Kaffeehaus dekoriert. Der Nostalgiker wird dennoch nicht die Nase rümpfen, nicht nur die Tische sind klassisch wie die Bestuhlung – aus allen Ritzen und Fugen kriecht gute, alte Tradition mit dem Credo, den nächsten Gast zu lieben wie sich selbst.

Café Tomaselli

Sein hohes C war von Mailand bis Salzburg zu hören – also wurde der Tenor Giuseppe Tomaselli an die Oper der Mozartstadt berufen und fand neben seiner Sangesausübung noch Zeit, für Nachwuchs zu sorgen: Sohn Karl übernahm anno 1852 das ursprünglich mit 1705 datierte Lokal und gab ihm seinen Namen. Ein stets weitervererbtes Glanzstück Salzburger Gastronomie, in dem heute wieder ein Tomaselli namens Karl regiert sowie seine Schwester Lisl Aigner.

SALZBURG

Kuchenanrichte im Café Tomaselli.

Ham & Eggs

B U D A P E S T

Die Luft ist sommerwarm an diesem späten Apriltag. Ein Spaziergang die Donau entlang über die Kettenbrücke hinauf zur Burg, von dort hinüber zur Matthiaskirche und in gartenumsäumten Fußsteigen wieder hinunter zur Donau und diese entlang bis zur Freiheitsbrücke, deren Stahlkonstruktion scheinbar einer Spielzeugstadt entstammt, über den Vamház krt. in Richtung Nationalmuseum und von dort quer durch die Stadt zurück zum Hotel – dieser Gang gleicht einer Wanderung durch ein Architekturmuseum live. Visionen aus Mailand und Rijeka, aus Bombay und Nizza fügen sich zu einem höchst aufregenden Städtebild des südöstlichen Mitteleuropa.

Ganz so vielgestaltig ist die Anmutung der Kaffeehäuser nicht, sieht man vom farbfrischen Café Mozart ab, dann sind es deren vier. Zwischen Anna Café und Kávéház New York allerdings liegen Welten, dazwischen die Klassiker Gerbeaud und Müvész, letzteres in Caffé dell' Arte übersetzt, sie verweisen auf Vergangenes, wie ihre Kaffeetradition: Espressó kurz oder doppelt zu bestellen, ist sinnlos, im Anna ist er etwas rauh, aber kräftig, im Müvész besitzt er italienische *crema* als Gütezeichen.

Über das Anna Café stolpert irgendwann jeder, je später der Nachmittag, desto bunter das Getümmel aus Touristen, Einheimischen und den hübschesten Mädchen – echt weizenblond, milchbleich oder schwarz-lockige Puszta-Schönheiten. Die Váci utca verläuft sich in Richtung Westen im Vörösmarty tér, einem baumbestandenen Platz, dort liegt das Gerbeaud mit seinen lüsterbestückten Räumen, ein echtes Kaffeehaus von zurückhaltender Eleganz, das Ruhe ausstrahlt.

Oben:
Die Freiheitsbrücke.

Rechts:
Im Café Gerbeaud.

Gegenüber:
Café Gerbeaud. Herr Ober György im Gespräch mit einem Gast, der seit 25 Jahren hier zu Hause ist.

Café Gerbeaud

Zehn Meter lang ist diese Theke – ein Ort der Verlockung für Kuchensüchtige. Was für ein Vergnügen, die Front des süßen Gebäcks abzuschreiten! Die klassische Café-Konditorei mit vornehmen Interieurs der Jahrhundertwende und herrlicher Terrasse an der breiten Front des imposanten Gebäudes liegt am ruhigen Vörösmarty tér. 1884 trat Emil Gerbeaud in das Geschäft ein, das in der Folgezeit zu einem der führenden gesellschaftlichen Treffs Europas avancierte und sich gleichzeitig zu einem Imperium der Süßwarenindustrie entwickelte.

KÁVÉ GRANDYVEL TEJSZÍNHABBA

MIT BRANDY UND SCHLAGSAHNE

ESPRESSZÓ

FILTER

CAPPUCCINO

HIDEG KÁVÉ

KALTER KAFFEE MIT

BRANDY UND TRIPLE SEC

TEJES KÁVÉ

CAFÉ AU LAIT

ESPRESSZÓ MACCHIATO

MOCKA KÁVÉ

MIT AUFGESCHÄUMTER MILCH,

SCHOKOLADE UND SCHLAGSAHNE

Café Müvész. Auf deutsch: Kunst-Café

Gegenüber:
Blick in das im Souterrain gelegene Restaurant des Café New York.

Unten:
Eine kleine Portion Gulasch.

Café New York

Wie das so ist mit diesen Ausnahmeerscheinungen, die sich schlicht Café nennen und wo sich doch die Götter ihrer Zeit zu Speis' und Trank getroffen haben, so ist auch das Kávéház New York heute jedem frei zugänglich. Das Werk eines Größenwahnsinnigen, der jedes Café dieser Welt an Dimensionen und Schönheit zu übertrumpfen suchte. Der eher unscheinbare Eckeingang öffnet sich zu Räumen, die einem den Atem und die Sprache verschlagen. Geblendet von der Batterie der Lüster, offenbaren sich bei näherem Hinsehen Prunk und Pracht ohnegleichen in dieser riesigen Höhle mit der Dimension eines Ozeandampfers. Drei Etagen überladen mit dem Dekor der Belle Époque, im Souterrain das Restaurant, ebenerdig das Café mit der Bar, im ersten Stock exquisite Räume für kleinere Gesellschaften, die Séparées, noch verhangen, wohin früher „Herrschaften" zu intimen Soupers einluden. Ein orgiastisches Bad im Fin de siècle in diesem seit 1894 komplett erhaltenen Museum also? Vor Abkühlung wird gewarnt. Nicht alle Elemente sind echt, die in der ersten Euphorie so erscheinen.

HOTEL KVARNER

Blick vom Strandbad auf das Hotel Kvarner mit dem alten Schwimmbad rechts im Bild. Seidenweiche Luft über der Terrasse des Hotels – einzigartige Lokalität zwischen einer luxuriösen Anlage und der Weite des Wassers. Nachmittags ist Kaffee und Kuchen angesagt, und es gibt immer noch genügend Platz, eigenen Gedanken nachzugehen.

OPATIJA

Opatija oder Abbazia – Luxusbadeort und einer der schönsten Plätze der Welt, der keinen Vergleich zu scheuen braucht mit den hochgelobten Treffs der Côte d'Azur. Das Flair der alten Zeit mit einem kräftigen Schuß Sozialismus hat sich hier vereint zu einer erstaunlichen Mixtur aus elitärer Existenz und touristischer Massenhaftigkeit.
Vielschichtige Architektur, abwechslungsreich die Landschaft, ein wundervoller Park, exotische Gärten, traumhafte Villen mit verwaschenen, zerbröselnden Fassaden, ein herrlicher, nicht endenwollender Weg entlang der See mit immer neuen, überraschenden Ausblicken – vorbei an Badebuchten, Bootsanlegestellen, Restaurants und Cafés, an Grundstücken voll Dickicht, versunken im Schlaf der Nachkriegsjahrzehnte, an verwilderten Gartentoren, hinter denen sich noch Figuren feudaler Vergangenheit verbergen.

HOTEL SLAVIA

In der aufkommenden Hitze des Tages weht eine kühle Brise vom Meer herüber. Ein großer Schwarzer am Morgen auf der Terrasse des Hotel Slavia – Wiens Kaffeehäuser lassen grüßen.

P R A G

Stadt der goldenen Kuppeln, deren vielgerühmte Kaffeehauskultur verschwunden zu sein scheint.
Ein altes Emblem erinnert an das Café

Arco, Treffpunkt der Prager Literaten; die Räume sind geschlossen und eine Baustelle, ebenso wie die des Slavia. Dafür sind italienische Bars entstanden, die schüchtern ihre Fahne aushängen gegen die übermächtige Armada der Bier- und anderen Restaurants. Immerhin kann man dem Sightseeing-Trubel entkommen und im Café des Hotel Europa abschalten. Anmutig und sanft die Klänge des Konzertduos in dieser Räumlichkeit unübertroffener Schönheit. Wo sonst wurde Jugendstil dezenter und vollkommener zelebriert? Oder die Café-Bar Ethno: Theke und Barhocker aus Bambus, fernöstliche Skulpturen und Wandbilder, ausgestopfte Greifvögel

Oben: Blick über die Karlsbrücke auf den Hradschin.
Unten: Segafredo Espresso

PREKAPAVANÁ KÁVA
FILTERKAFFEE
ESPRESSO
CAPPUCCINO
KÁVA SE ŠLAHAČKOU
MIT SAHNE
CAFFÈ LATTE
AMERICKÁ KÁVA
MIT BRANDY
ČESKÁ KÁVA
MIT MAGENBITTER
IRSKÁ KÁVA
IRISH COFFEE

rahmen den Gast. Ein ähnliches Verwirrspiel im Segafredo Espresso, einer Bar italienischen Stils – Rückgriff auf Bewährtes mangels anderer Möglichkeiten. „Backstage" ein gutgehendes Restaurant, mittags ein Treff für Banker, Geschäftsleute und japanische Ladies, nicht anders wie in Frankfurt oder New York. Prager Personal, italienischer *caffè*, an der Wand ein Original des ex-jugoslawischen Malers Peyda: dekadentes Kaffeehauspublikum der zwanziger Jahre.

HOTEL EUROPA

Ab sechs Uhr Kaffeehausmusik im Café des Hotel Europa – am Piano Marta Kottová, die Violine spielt Prof. Rudolf Hajzman.

WARSCHAU

Eine blonde Ewa mehr, die sich aufs Kaffeekochen versteht und mit der Espressomaschine hantiert wie ein in Diensten ergrauter italienischer Barist. Kupferglänzend und dekorativ diese Maschine im Café Blikle, bewacht von einem flügelschlagenden Adler. „A small black oder einen Espresso, doppelt oder kurz?" Es lebe der feine Unterschied, dem sich Warschaus Kaffeemacher verschrieben haben und die sich damit nahtlos in die Tradition der Wiener, Budapester oder Zürcher Kaffeehäuser einreihen. So hat sich die Reklametafel für den Instantkaffee eines Nahrungsmittelherstellers bei der Ankunft am Warschauer Flughafen gottlob nicht als böses Omen erwiesen. Im Gegenteil! Das Café Nowy Swiat zeugt von einhundertelf

Der Kulturpalast. Ein monströses Bauwerk, exotisch anmutend und ein Fremdkörper, dieser „eyecatcher" Warschaus, und nicht eben beliebt bei den Bewohnern der Stadt. Kongreßhalle, 18 Konferenzräume, Luxusbüros, Theater, Museen, Geschäfte, Fitneßzentrum, Ausstellungsflächen - alles unter einem Dach!

Café Bristol

Café Bristol. 1899 bis 1901 im Art-Nouveau-Stil erbaut, war das Bristol für die ersten vier Dekaden des Jahrhunderts das vornehmste Hotel in Mittel- und Osteuropa. Seine jüngst glanzvolle Wiedereröffnung war ein emotionales Ereignis für Polen, ein Symbol für die Rückkehr zu Vornehmheit und Eleganz, die auch das Café auszeichnen.

CAFÉ BLIKLE

Auf dem Photo: Herr Olgierd Paszkiewicz, ein Kaffeegenießer, der sich vor 60 (!) Jahren zum erstenmal in das Gästebuch dieses Cafés eintrug.

Jahren Tradition. In der Zwischenkriegszeit blühte dort das gesellschaftliche und künstlerische Leben. Mitte der sechziger Jahre war es Warschaus populärstes Kaffeehaus, und heute vereinen sich hier wieder Kunst, Kultur und kulinarische Köstlichkeiten. Überhaupt ist alles anders in Polens Metropole – eine eher geruhsame, weitläufige Stadt. Ältere Herren sieht man mit Krawatten selbst in sommerlicher Hitze.
Worin also unterscheiden sich Demel, Baratti oder Négociants von dem 1869 gegründeten Café Blikle? Der Unterschied: die vollständige Zerstörung durch den Zweiten Weltkrieg. Die damals großflächige Café-Konditorei mit dem für die Gründerjahre typischen Luxusambiente wurde in Schutt und Asche gelegt; und es ist erst eineinhalb Jahre her, daß das einstige Prunkstück an der Nowy Świat – liebevoll eingerichtet – wieder eröffnet ist.

Oben: Im Café Blikle.
Gegenüber: An einem Sonntagvormittag im Café Blikle

PORCJA KAWY
PORTION KAFFEE
KAWA MALANGE
MELANGE
MALA MOCCA
KLEINER MOKKA
ESPRESSO MALA
KLEINER ESPRESSO
ESPRESSO DUZA
GROSSER ESPRESSO
CZARNA KAWA Z
BITA SMIETANA
EINSPÄNNER
CZARNA KAWA Z
KONIAKIEM
I BITA SMIETANA
FIAKER
KAPUZINER
KAWA Z MLEKIEM
MILCHKAFFEE

Die Siegessäule.

Gegenüber:
Eine gepflegte Kaffeehausatmosphäre im Café Opernpalais Unter den Linden.

Unten:
Der gebürtige Wiener Wilhelm Andraschko – „Im Dommayer hab' ich meine Kindheit verbracht" – trat 1979 als Geschäftsführer in das Unternehmen „Einstein" ein, in dem er zum Teilhaber avancierte.

D E U T S C H L A N D

BERLIN

Zwei Dutzend Cafés habe ich in Berlin abgeklappert, aber nur in zweien, höchstens dreien verweilen mögen. Die Interieurs: zumeist Trinkstätten auf Alt-Berlin geschnörkelt oder schlichte Aufdringlichkeit in jugendbewegten Diskutierhallen, Spielwiesen jener beinharten Püppchen, die ein zerrissener Netzhandschuh ziert.

Deprimierend das Aus für das Café Möhring am Kudamm, Stätte einer gewissen Kultur, die am trüben Sonntagmorgen Zuflucht bot. Und das andere Möhring?

Anfang der achtziger Jahre schrieb ich: „Erst auf dem Gang zur Toilette wurde mir klar, wie schön es einst war: Ein altes Photo zeigt die noble Ausstattung von 1898, kostbare Holztäfelung, Marmortische, Palmen. Und wenn ich mir die Gesichter näher betrachte, den Konditormeister, die Bedienungen mit ihren gestärkten Schürzen und weißen Häubchen, hätte auch ich bedingungslos ja gesagt zu einem Kaffee mit Kuchen."

Gott sei Dank gibt es Andraschko und Würthle, zwei Herren aus Wien in Berlin. Und überhaupt hat sich die Szene bis heute grundlegend geändert. Nicht zuletzt durch die noblen Kaffeehäuser um den Hackeschen Markt.

Im Café Einstein: Kaffehausnachwuchs ist willkommen, solange die Ruhe nicht gestört wird.

Café Einstein

Eine Lokalität, die in irgendeinem Wiener Bezirk der Bodenhaftung verlustig und in irgendeinem Berliner Bezirk wieder vor Anker gegangen ist. Hier stimmt einfach alles, sogar das Frühstücksei: dottergelb, perfekt getimed, richtig temperiert auf dem kürzesten Weg vom Kochtopf auf den Tisch. Und die Butter kühl, die Croissants frisch und zart, die Bedienung freundlich und zuvorkommend. Der Kaffee, der kleine oder große Braune, die Melange oder der Einspänner, ein Genuß mit Mozartschem Nachgeschmack und italienischer Attitüde der speziellen Einstein-Röstung – Torrefazione Tri Caffè Agliana, deren Herstellung nunmehr im Haus erfolgt und eine Duftwolke erzeugt, die den Besucher auf den folgenden Kaffee-Genuß einstimmt.
1978 wurde das Lokal durch die heutige Mitinhaberin und in Graz geborene Uschi Bachhauer gegründet. Die Namensgebung „Einstein“ erfolgte aus einer spontanen Eingebung.

Wilhelm Andraschko, in Wien geboren, floh Mitte der 70er Jahre aus der gesellschaftlichen Enge Wiens nach Berlin, Deutschlands einziger Großstadt, wie er sagt. 1898 von einem Textilfabrikanten erbaut, erlebte das villenartige Gebäude an der Kurfürsten-Straße eine wechselvolle Geschichte. Von der Filmschauspielerin Henny Porten 1928 erworben, etablierten sich wenige Jahre später geheime Spielsalons darin, die, als Buchklub getarnt, einen Adeligen als Strohmann hatten und 1938 aufflogen. Nach dem Krieg nistete sich eine Reihe kleine-

Links und gegenüber: Café Einstein. Action an der Bar und Getränke-Übergabe.

rer Gewerbebetriebe ein, zum Teil stand die prachtvolle Villa leer. Die hohen, eleganten Räume mußten in ihre ursprüngliche Form zurückgestaltet werden, um der Idee eines Wiener Kaffeehauses gerecht zu werden. Schwierig die Anfangsjahre. Kein Bezugspunkt, keine Oper in der Nähe, kein Funkturm, amorph die Gegend. Kulturveranstaltungen, Lesungen, philharmonische Quartette stärkten die Aufmerksamkeit, die heute während der Filmfestspiele kulminiert: die Bar dicht gedrängt, überfüllt an den Tischen, und zusätzliches Stehparkett für den Ansturm der Eitelkeiten.

Michel Würthle, zeichnend.

Paris-Bar

Ich blättere in einem satirischen Werk – spitze Feder, Sarkasmus pur: die Aufzeichnungen eines bewaffneten Schankprinzen im Exil – Michel Würthle, ein Künstler, der sich nach Berlin verirrte und heute, gemeinsam mit Kompagnon Reinald Nohal, einem Jugendfreund, den er „zufällig wiedertraf", mit der Paris-Bar eine der ersten Adressen europäischer Gastronomie betreibt – da waren alle, Fellini und Beuys auch. Würthle, der Malerei in Wien studiert hat, gelangte über Aufenthalte in Rom und Paris 1972 nach Berlin – „Da habe ich mich frei gefühlt wie ein Fisch im Wasser ..." –, übernahm das „Exil", einen Künstlertreff im Dunstkreis des Schriftstellers Oswald Wiener, und nach 1979 eben jene Paris-Bar, die ein Soldat 1952 gegründet und so eingerichtet hatte, wie er sich eine Bar vorstellte. Michel, Weltenbummler und Bohemien, der im Hawelka zu Wien „aufgewachsen" ist und dort die Café-Weihen empfangen hat – „Frühe Geschmackserlebnisse bleiben im Mund ..." –, schuf ein verkleinertes Coupole, mit einer Café-Ecke, versteht sich.

CAFÉ LINDTNER

Vermutlich das letzte Hamburger Kaffeehaus, das nicht der Umgestaltung zum Opfer gefallen ist. Nicht nur Treff der Bürger von Eppendorf, zieht es auch die Prominenz in das vom Gründerpaar Alwine und Hermann Lindtner 1944 eröffnete Haus, das heute von Tochter Brunhild geleitet wird. Urgemütlich. Auf dem Photo: Frau Gisela Prange und Walburga Beinlich (rechts).

RÖSTEREI-CAFÉHAUS HAMBURG

Die Café-Bar an der Mönckebergstraße

HAMBURG

Täglich saß sie zur gleichen Zeit am selben Tisch bei ihrem *café*. Sie saß da mit der eisernen Unbeweglichkeit älterer Menschen, ohne starr zu wirken; und die Homogentät der Farbe ihres Scheitels verriet ebenso Sinn für Korrektheit wie sie ihre Zigarrenschachtel parallel zum Feuerzeug ausrichtete und den Abstand von Schluck zu Schluck ihres großen Espresso wählte, den sie mit Ruhe und Bedachtsamkeit zu sich nahm, um ihr Inneres zu wärmen.
Solche Erscheinungen sind rar geworden, und es ist müßig, sie dem hanseatischen Adel zuzuordnen, der sich zu guter, alter Zeit, punkt drei Uhr, im Alsterpavillon ein Stelldichein gegeben hatte. Nein, diese alte Dame wurde im „Cappuccino“ gesichtet, Treff der schicken, der jungen Leute, und macht die wundersame Tatsache offenkundig, daß in Hamburg Mangel zu herrschen scheint an respräsentativen, sich zur Straße öffnenden Kaffeehäusern. So hatte man sich einer

kleinen Reise zu unterziehen, um sich weit vom Zentrum bei Lindtner ein Schälchen Heißen zu genehmigen. Dieser für den Geborgenheit und Gesellschaft Suchenden bejammernswerte Zustand von 1994 hat sich durch die Gründung des Unternehmens „Rösterei-Caféhaus Hamburg", mit seinem Sitz im Levantehaus an der Mönckebergstraße, geradezu in sein Gegenteil verwandelt.Es sind nicht nur die großzügigen Räumlichkeiten des Café-Restaurants in der ersten Etage, darüber hinaus die Bar Tabac sowie die sich zur Mönckebergstraße öffnende Café-Bar, die die Wahl zur Qual werden läßt.

Auch die Dependance in der Galleria-Passage Große Bleichen, die sich ebenfalls Bar Tabac nennt, ist eine Institution für sich – der Treff der Freunde des Espresso. Der caffè doppio ist dort ebenso selbstverständlich wie die Bestellung „ristretto" tatsächlich begriffen und an den Baristen weitergeleitet wird. Unternehmergeist einer jüngeren Generation, der kaffeebegeisterten Herren Marsau/Steuck haben diesen Wandel möglich gemacht und obendrein mit der eigenen Rösterei ein Verkaufsangebot exklusiver Sorten installiert.

Barist Wendelin beim Aufschäumen eines Milchkaffees in der Bar Tabac, Große Bleichen. Alles ist wie in Italien – mit Ausnahme der Suppentöpfen ähnlichen Schalen, die ein Zugeständnis zu sein scheinen an den im Norden üblichen „Pott".

Tom Steuck beim Auffüllen des Rösters mit Rohkaffee vor der Betriebnahme.

FRANKFURT

„Drübbe" das Apfelwein-Dorado Sachsenhausen mit Handkäs, Rippchen und Sauerkraut, aber diesseits des Main gibt es eine stattliche Anzahl von Cafés.
Die einen lieben das Café Laumer wegen seiner Torten, die anderen das Café Schwille. Des Alten Café Schneider treue Kundschaft ist eine ganz andere als die im Kaffeeausschank der Rösterei Mirello am Liebfrauenberg. Besucher der Alten Oper strömen nach Vorstellungsschluß in das Opern-Café und junge Leute, die es ein bißchen dröhnig mögen, ins Café Karin oder ins Schirn-Café – längste Theke mit gewagten Cafékreationen.
Das Café Cult hat seine Pforten wieder aufgemacht. Und schon länger geöffnet hat die Bar im Frankfurter Hof.
Ich marschiere seit 15 Jahren, so ich heute noch die eigene Maschine verlasse, zu Franco und Luigi, um dort bei einem napolitanischen *caffè* erster Klasse zum halben Preis meinen italienischen Freunden guten Tag zu sagen.
Margarete Zülch erinnert sich noch an die Tanz-Tees, die vor dem Krieg im Café Rumpelmayer im Fürstenhof stattgefunden haben.
Heute präsentiert sich die Stadt zwischen ihren Vorkriegsfragmenten in den merkwürdigsten Stilen der jeweiligen Baudezernenten, und ein herber Windstoß ist durch die noch vorhandenen Kaffeehäuser gefahren. Beliebte Treffs wie das Café Foerst mußten ebenso weichen wie das Café der Tierfreunde.
Gott sei Dank ist eine neue Generation von Kaffeehausbetreibern auf die Bühne getreten: da gibt es die Café-Bar, das Orfeo, das Helium oder die Tomate. Das Gegenwart wie das Stattcafé sind mehr der alternativen Szene zuzurechnen.

Links: Margarete Zülch, geborene Slutzki-Wacker, die heutige Inhaberin von Wacker, ist Mittel- und Ruhepunkt im Gedränge um den Kaffeeausschank und -verkauf.

Wackers Kaffeegeschäft

Das Schaufenster des Kaffeegeschäfts mit verschiedenen Kaffeesorten, dahinter Kaffeemühlen, „Original Favorite", auf Hochglanz poliert, mit mächtigen Schwungscheiben aus einer Zeit, da Mechanik noch Trumpf war.

Anfang des Jahrhunderts kam der Russe Jacob Slutzki als Student nach Frankfurt und verliebte sich in Louise. Und was das Geschäftliche betraf, war es die Idee eines Teehandels, die er in das Familienunternehmen einbrachte. Frau Louise jedoch, die bis zu ihrem 85. Lebensjahr das Geschehen bestimmte, trank lieber Kaffee, der sich zum Haupterwerb mit mindestens 90 Prozent Anteilen entwickelte.
Wo gibt es das noch in Deutschland? Der Duft frisch gerösteten Kaffees weht über die Straße und streichelt das Riechorgan! Nicht nur das Caffè Greco in Rom weist Goethe als prominenten Besucher aus. Jung Johann Wolfgang kaufte schon seine Milch hier im damaligen Lebensmittelgeschäft, das sich früh zu einer Frankfurter Institution entwickelte. Erst 1914 eröffnete dann Louise Wacker unter ihrem Mädchennamen das heutige Kaffeegeschäft – drei Generationen in Folge.

OPERN-CAFÉ

Ein Garçon im Opern-Café vor einem Filmplakat mit Garçon Yves Montand, Regie: Claude Sautet.

Die Pizzeria Sette Bello in der Nidda-Straße. Die Brüder Franco und Luigi – Luigis Ehefrau Todisco ist für die Nudeln zuständig – stammen aus dem süditalienischen Castellamare di Stabia. Ein wahrhaft gemischtes Publikum findet sich hier „hinter dem Bahnhof" ein: feine ältere Damen im Pelzmantel, arabische Mädchen mit den Gesichtern von Moghul-Tänzerinnen in Jeans, African boys, Pelzhändler, Immobilienmakler.

CAFFÈ BAR FELLINI

Eine unternehmungslustige Dame aus urdeutschen Landen, aus dem Westfalenland, läßt sich durch die Turiner Kaffeehäuser treiben und verfällt deren Kultur. Um diese Kultur in Frankfurts Sachsenhausen fachgerecht zu installieren, hat sie kurzerhand Giuseppe als Baristen verpflichtet, abgeworben von Zucca, einem der prominentesten Turiner Caffè Highlights.

Elke Bokelmann, Kaffeehausbetreiberin der neuen Generation

Harveys Café, Bar und Restaurant. Ecklage und großzügige Räume, Wandmalereien und Dekor, die an Theaterfoyers erinnern. 1885 erbaut, beherbergte es zunächst für drei Jahre eine Bürgerkneipe, dann verschiedenste Gewerbebetriebe, bis Elke Bokelmann, heutige Inhaberin, aus dieser wenig ruhmreichen Stätte eine gastronomische Oase schuf, multikultureller Treff, der Gleichgeschlechtlichkeit toleriert - eine Hommage à Harvey Milk, der sich als Stadtrat von San Francisco bis zu seinem gewaltsamen Ende für die dort lebenden Minderheiten eingesetzt hatte.

Während der Frühschicht ist Henning für den café *zuständig.*

OPERN-ESPRESSO

Ein Schmuckkästchen! Die Qualität des caffè außergewöhnlich! Das dankt eine hochkarätige Klientel. Damen nach einem Einkauf auf der Maximilianstraße, die Intendanz, die Musiker der Oper gegenüber, als Zeichen höchster Anerkennung bemühen sich die Signori im weiten Umkreis um einen Platz an der Theke, deren Vorderfront das Motiv einer Cantoria aus dem Veneto schmückt. Betritt man den Barraum, dessen Kaffeetrakt sich unter den Arkaden – Gasstrahler vermitteln in der Übergangszeit Sonnengefühl – fortsetzt, entsteht der Eindruck eines kostbar ausgestatteten historischen Kabinetts: Wandmalereien, musikalische Motive als Avance dem Theater gegenüber, Tassen eigenen Designs, der Kaffee aus einer speziellen Rösterei aus dem piemontesischen Alba. Die Inhaberin Brigitte Canaveso: „Vorher war ich unterwegs und habe alle hervorragenden Caffès Norditaliens abgeklappert."

MÜNCHEN

„Wir trinken halt lieber Bier …" – trotz solcher Äußerungen ist München bei näherem Hinsehen und Probieren eine Café-Stadt und besser als ihr diesbezüglicher Ruf. Kaffeewölkchen sind aufgestiegen und haben sich am blitzblauen königlich-bayerischen Bierhimmel ihren festen Platz erobert.
Man kann also die Fluchtpunkte der gestreßten Seele mit Bedacht wählen, erfreue sich morgens an einem *caffè* im Opern-Espresso, mittags im „Dukatz", genieße abends den professionellen Touch bei Schumann's, tauche in das Milieu des Café Schiller am Bahnhof, sichere sich bei anbrechender Dunkelheit einen Fensterplatz im Café Glockenspiel, um den Tag im Nachtcafé zu beschließen.
Apropos Charles Schumann's Reich: Irritiert von der Selbstverständlichkeit, mit der meine sehr spezielle Bestellung aufgenommen wurde, bekam ich obendrein einen sauguten Espresso serviert. Dennoch bleibt die Espressomaschine ein Mauerblümchen in Maître Charles' blühender Cocktaillandschaft. Obwohl, so flüstert mir einer der Garçons zu, auch der Chef in langer Nacht seiner Leidenschaft für einen guten Espresso keinen Zwang antut.

CAFÉ AM WIENER PLATZ

Das Café wird von der Schauspielerin Iris Berben betrieben. Lichte Räume durch Ecklage, neben Wiener Schnitzel ein reichhaltiges Speisen- und Getränkeangebot, aufmerksame Bedienung, die trotz tempo, tempo *zuvorkommend agiert.*

Café Glockenspiel

Der Barraum des Café Glockenspiel. Links im Bild öffnet sich eine überdachbare Terrasse hin zu den Dächern, der Café-Raum hin zum Rathaus mit Sicht auf das Glockenspiel.

Schumann's

Barkeeper Silvio, stark am „Mischpult", stark an der Espressomaschine.

Dallmayr

Fülle, Würze und feine Säure ist Dallmayrs Kaffee-Verkaufsphilosophie. So stehen anspruchsvolle Kunden Schlange für eine Handvoll frisch gerösteter Böhnchen.

Literatur-Kaffeehaus Dukatz

„Eine Mischung aus Wiener Kaffeehaus und französischer Brasserie, das war unser Konzept …", erklärt Monsieur Dupuis diesen Platz ausladender Räumlichkeit mit der Innenarchitektur einer Kathedrale. Das „Dukatz", Namensfragmente der drei Inhaber, als Denkmal für den Schriftsteller Oskar Maria Graf von der New Yorker Künstlerin Jenny Holzer im Literaturhaus gestaltet, ein „Gesamtkunstwerk", das sich bis in die Inschriften auf dem Geschirr fortsetzt. Unter meinem Roastbeef tauchte auf des Tellers Grund folgender Spruch auf: „Es muß jetzt doch bald wahr sein, daß ich berühmt bin."

Café-Bistro, Mata Hari Passage

Bereits 1972 von Tom Thomas gegründet, ist es heute als Vorreiter des herrschenden Trends zur Café-Bar hin zu verstehen. Ein heiteres Bild, geprägt von heiteren Gästen – im Vordergrund der Barbesatzung Helga.

Bazzar-Caffè

Kaffeegenuß und Verkauf – umgeben von Espressomaschinen verschiedensten Typs, hat sich diese Einrichtung innerhalb kurzer Zeit zu einem Treff von Liebhabern italienischen caffès entwickelt. Chef Kirici, türkischer Herkunft, ein Fanatiker in Sachen Kaffeequalität, der hundert Sorten anbietet und dazu die entsprechenden Maschinen vertreibt, ist ebenso Sammler rarer Stücke aus großer Vergangenheit.

DÜSSELDORF

Auch Düsseldorf ist auf den Geschmack gekommen. Innerhalb weniger Jahre nur hat sich die Kaffeehaus-Landschaft grundlegend verändert. Zwar existieren sie noch, die klassischen Café-Konditoreien wie Otto Bittner, Lieblingsplatz meiner Mutter, doch der Trend geht hin zur Café-Bar – sogar die Königsallee, Pracht- und Flaniermeile von „Klein-Paris", entbehrt der gewohnten Terrassen. Selbst das Kaffeehaus Käfer versteckt sich in der Kö-Passage.
Umso mehr findet sich der Düsseldorfer in einer vielgestaltigen Bar-Kultur wieder, von Othello's skurrilem „Wohnzimmer" in der Collenbachstraße bis hin zu jenen schicken Treffs auf dem neuesten Stand der Espresso-Zubereitung. Allein der Anblick einer neuen Maschinen-Generation – elfenbeinfarbene Träume – veranlaßt den Liebhaber chromblitzender Rundungen zum Schwärmen.
Noch wirkt der eine oder andere Platz goldbrauner Verheißung wie auf dem Reißbrett entworfen, seine Bedienung nicht in der Lage, mit dem komplizierten Gut fachgerecht umzugehen – doch die Tage werden kommen, da auch diese Wurzeln geschlagen, sich in ihrem know-how verfeinert haben, um das Aroma, den Duft des Kaffees zu mehren, auf daß er mehr noch Düsseldorfs Geruchsnote bestimmt.

P O C C I N O

Seit Jahren ein Begriff, mittlerweile Institution – hinter den Espressomaschinen herrscht ein Betrieb wie des Morgens in einem italienischen Grand Caffè, an den Stehtischen in den Arkaden wie zur rush-hour der Caffeteria der Stazione in Neapel.
Das Poccino ist eine Mehrzweckeinrichtung nach italienischem Vorbild – „um die Ecke" die Sektion Trattoria mit ihrem speziellen Service – von der tavola fredda über die Pasta zum Fisch.

LEIPZIG

Ostdeutschland rüstet auf, wider böse Zungen ist festzuhalten, daß, mit großem Enthusiasmus und mit Sachkenntnis, das Kaffeehaus-Vakuum zu füllen, innerhalb weniger Jahre Paradestücke geschaffen wurden, die in nichts traditionellen europäischen Häusern nachstehen. Aufbruch zu frischen Tortentheken, aber auch zu Bars, in denen ein caffè doppio ebenso selbstverständlich gereicht wird wie an den Zapfsäulen von Mantua oder anderswo in Italien.

Café Riquet

Drei Etagen, Stadtcafé, Weinkeller, Wiener Kaffeehaus, das heutige Café Riquet, mit seiner Lage am traditionsreichen Platz in der Nähe der Nikolai-Kirche, kann sich zudem rühmen, seine Räume in einem der originellsten Bauten der Stadt eingerichtet zu haben. Das 1908 errichtete Geschäftshaus der Ostasien-Handelsfirma Riquet stellt sich mit seinen Dachtürmchen, farbigen Mosaiken und kupfergetriebenen Elefantenköpfen als Symbol von Einfluß und Reichtum dar.

SCHWERIN

Ob das Café Riquet in Leipzig (gegenüber), in dem sich bis zur „Wende" ein Porzellangeschäft befand, das nicht nur die Elefantenschädel über dem Eingang aufpoliert hat, oder das Café Prag, in dem sich die Honoratioren von Schwerin zum lunch einfinden – es würde wenig Mühe bereiten, diese Reihe fortzusetzen.

CAFÉ PRAG

Café-Restaurant Prag, das klassische Kaffeehaus im Norden Deutschlands, am markanten Platz unweit des Schweriner Schlosses und des Stadttheaters. Das heutige Café in den Räumen der ehemaligen Krefft'schen Hofkonditorei, deren Gründung auf das Jahr 1755 zurückgeht, wurde 1953 in „Prag" umbenannt, nachdem ein Wandbild mit einer Prager Stadtansicht freigelegt wurde. Lunchtime im Café-Restaurant Prag (rechts) und Serviererin Helga mit einem Stammgast (oben).

ZÜRICH

Nur wenige Schritte vom Münzplatz mit der Cafeteria zur Münz liegt Zürichs Bahnhofstraße, die trotz Sprüngli und Café St. Gotthart nicht eben die Atmosphäre einer Kaffeehausmeile vermittelt. Eher dort unten am Limmatquai, wo der Sound der Motorräder den *tipo Milano* oder die Melange des Gran Café zum Zittern bringt, dort, wo sich morgens um sieben die Türen öffnen und die Luft noch nach frischem Wasser riecht. Zürich gibt sich als Paradies für frühsüchtige Kaffeetrinker!

Am Bellevue liegt das Café Odeon. Die Architektur stammt aus 1912, und das Stilgemisch des Innenraums fügt sich zu großer Harmonie: Säulenarrangements, Spiegelwand, stahlfüßige Tische und leichtgewichtige Stühle um das Hufeisen der Bar, zur Intimität einladende Ecknischen, mit Polsterbänken ausgestattet.

Nicht so harmonisch wie das Ambiente ist das kontrastreiche Publikum. Bis zu Mittag ein Bürgertreff, verwandelt sich das früher von Literaten und Filmemachern bevorzugte Café zur Nacht hin in ein Exotarium: Teddys mit Nasenring, Herren in Lack und Leder, das Haar albinoweiß, Mädchen so cool und zerbrechlich wie Eiswürfel, die Feuerwasser krachen läßt, Krokodile in biederen Windjacken, die nach Zuwendung schnappen, und dort, aufrecht, ein Pinguin mit zuversichtlicher Miene, als habe ihm gerade noch sein Bankkonto freundlich zugeblinzelt.

CAFE NATURE
CAFE CREME
CAPPUCCINO
CAFE MELANGE
CAFE AU LAIT
CAFE SANS COFFEINE
ESPRESSO
ESPRESSO DOPPIO
RISTRETTO

CAFÉ ODEON

Südwesteingang (gegenüber) und Innenraum

Ein Treff also für Typen und Trendmaker, für Cliquen und Einzelgänger? Wie auch immer – Mensch bleibt Mensch, wenn es um Kaffee geht, und der schmeckt oder nicht. Er schmeckt im Odeon. Im Unterbau ein wenig französische Härte, ohne in der oberen Abrundung auf italienischen Schmelz zu verzichten. Ein Geheimnis allerdings, wer jemals *Kafi Luz Trätsch* bestellt hat, einen dünnen Instantkaffee mit Obstschnaps, eher sei *Kafi fertig Pflümli* empfohlen, starker Kaffee aus der Espressomaschine, ebenfalls mit Schnaps – die Schweizer Antwort auf italienischen *coretto*.

Ritz-Café

Das In-Café am Rembrandtplein.
Design: Ron van Roekel. Paintings: The Art Brothers.

Café de Jaren

1990 entstanden,
von den Eigentümern gestaltet.

Niederlande

AMSTERDAM

Koffie
Koffie verkeerd
viel Milch
Cappuccino
Espresso
Espresso "double"
Wiener Melange

Eine Grand-Café-Epidemie ist ausgebrochen – man will es nicht glauben in dieser Stadt kalter stürmischer Nordlage. Es Wien gleichtun, Paris überflügeln ... Ein Vergleich der Hafenstädte Amsterdam und Hamburg bringt es an den Tag: Die reiche Stadt an der Alster unterliegt, was Kaffeehäuser betrifft, während sich die grachtengelegene Schwester durch Kreativität, Phantasie und Investitionsmut auszeichnet. Dabei wabern immer noch Haschwolken aus den Coffeeshops, bestimmen die Kids in sich plusternden Windjacken das Bild, bricht die „Bromfiets"- und Fahrradmentalität im Campingoutfit die Illusion einer traditionellen Kaffeehausatmosphäre – nirgends sticht der Kontrast bunter Freizeitaufmachung und überfeinerter Interieurs stärker ins Auge.

CAFÉ-RESTAURANT A LA MORT SUBITE

Am frühen Morgen (oben) und am Abend (rechts unten) zu Gast.
Getränkekarte an der Spiegelwand des Café-Restaurant A la Mort Subite (links unten).

B R Ü S S E L

CAFÉ ESPRESSO
DECA
OHNE KOFFEIN
CAPPUCCINO
IRISH COFFEE
MOKA
LAIT RUSSE

In Brüssel ist das Bild der Gastronomie in Ordnung, die Garderobe paßt, fein gekleidet die älteren Herrschaften bei einem „Half and Half" oder einem *café*, die Garçons mit traditionell schwarzer Fliege auf weißem Hemd unter schwarzer Weste.
Wie ein Kaffeehaus an den Namen einer Biermarke geraten ist: So gegen neun am Abend erhitzten sich zwei in die Jahre gekommene Herren im „La Mort Subite" über der Frage, wieviel Kaffee ein Bierhaus verträgt oder umgekehrt, wieviel Bier darf konsumiert werden, damit ein Lokal noch als Kaffeehaus gelten kann. Ich sitze hier mit einem der Inhaber, Monsieur Réne Vossen, dessen Wendigkeit und schlanke Figur auf ein wohldosiertes Verhältnis von Wein, Gueuze und Kaffee schließen lassen. Das Gueuze ist eine Art Weizenbier und basiert auf Lambik, das auf der Grundlage von Malz und Weizen im Brabant gebraut und über mehrere Jahre in bestimmter Menge gemischt wird. Das Ergebnis, das beim Abfüllen in Flaschen ein zweites Mal gärt, schmeckt so skurril, wie sein Name andeutet.

LE CIRIO

Le Cirio. Außer Kaffee ist „Half and Half" eine Cirio-Spezialität: Champagner mit Weißwein.

CAFÉ-RESTAURANT FALSTAFF

1903 zunächst als Weinstube eröffnet, benennt sich das Falstaff nach der trunkenboldischen Bühnenfigur, etablierte sich im Haus der Rue Henri Maus 17-19 und erhielt in den folgenden Jahren Erweiterungen, die den Innenhof betrafen. Der Hof wurde mit kunstvollen Glasfenstern ausgestattet. Das Café-Restaurant ist im Jugendstil gehalten, nur der rückwärtige Teil mit der radförmigen Dachlaterne zeigt sich neoklassizistisch. Das Haus, Tag und Nacht geöffnet, repräsentiert mit seinem Allround-Angebot an Speisen und Getränken das Kaffeehaus von heute.
Das Team der Garçons: Todor, Albert, Dominique, Yasmin, Louis, Annie.

BABYCHAM

LÜTTICH

Anfang der siebziger Jahre quollen sie noch über, die Flohmärkte – für ein paar Francs prachtvolle Einrichtungen, Vitrinen und kostbare Gläser, Spiegel, silberne Obstschalen. Dann opferten die Lütticher ihre originellsten Tanzcafés dem Fortschritt: das Trocadero, die Omonia-Bar oder das Dancing au Metro am Flohmarkt, in dem am Sonntagvormittag die Stimmung kochte, sich junge Männer an ältere Damen heranwagten und die Angesäuselten sich mit den bereits Betrunkenen verbrüderten. Andererseits legten die Teenager Rock'n-Roll-Schwünge aufs Parkett, als habe man den Beatles und der Popmusik den Einzug verweigert. Nur die verschwiegenen Plätzchen und Bars um die Rue Champion und L'Agneau sind unverändert, wo sich schon vor hundert Jahren ältere Semester so friedvoll und so matrosenfreundlich um Kunden bemühten – Lütticher Kneipenkultur, die sich so gediegen wie schrullig über die Jahrzehnte gerettet hat. Nostalgiker konnten sich noch Anfang der Siebziger ein Bild vom Paris der dreißiger Jahre machen, so im damaligen Café le Bus, auf dessen zerschlissenen, gelben Ledersitzen Simenon sicher eine seiner Geschichten geschrieben hat und wo die doppelte Spiegelwand jede Bewegung des Kellners dutzendfach reflektierte.

CAFÉ TROCADERO

Ein Kellner im Café Trocadero (oben). Madame und Madame, ein Pas de deux, für den zu Lebzeiten Monsieur Kolonial-Officier zuständig war, feingemacht für die kleine Lustbarkeit am Sonntag um acht (gegenüber).

P A R I S

Eiffel-Turm, pilier nord.

CAFÉ NATURE
CAFÉ CRÈME
CAFÉ EXPRÈS
CAFÉ MÉLANGE
CAFÉ AU LAIT
CAFÉ SANS COFFEINE
GRAND CAFÉ
CAFÉ VIENNOIS

Grand Café Marly. Terrassenwetter ab null Grad, wenn es nicht stürmt. Es ist aufgedeckt am Vormittag, und die Gäste sitzen geschützt auf ihren Logenplätzen und starren von west-außen bis ost-außen – 72 Fuß mißt die Rennstrecke für gut trainierte Kellner – gebannt auf das gläserne Häubchen, in dessen Sog tausend Krabbeltierchen in Richtung Mona Lisa verschwinden.

Ertrinken in einem Meer von Bistros! Um nicht entschlußlos durch das Labyrinth der Straßen zu irren, tut es gut, ein Bistro alter Prägung aufzuspüren, vorbei an weiß gedeckten Tischen trotz trüben Magens. Das Mazarin an einem der Grand Boulevards, das einen ausgezeichneten *Grand café serré* serviert – unweit der Passage Jouffroy mit ihren düsteren, glasüberdachten Wandelgängen, in der ein Brillengestell gelb aufleuchtet und das Musée Grévin mit einem Spaziergang durch in Wachs gegossene Vergangenheit zum Nachdenken anregt: Sich in die lederbespannten Polster sinken lassen, die Beständigkeit vermitteln und Ruhe geben.
Es gibt sie noch die renommierten und abseitigen Cafés, in denen sich Pariser Luft gehalten hat!
Das Les Deux Magots, Künstlertreffpunkt der Nachkriegszeit am Boulevard St-Germain, hat unbeschadet die Zeit überdauert: Stühle und Tische aus dunklem Holz, in deren lackierten Flächen sich die Beflissenheit der Ober widerspiegelt, metallbeschlagene Füße, die sich auf das Mosaik des Bodens stemmen, eine verchromte Stange, die die müden Beine hochstellt. Fouquet's und George V. an den Champs-Elysées, das De la Paix an der Place de l'Opera sind ebenfalls Kontrastprogramm zur Bar du Rêve der Madame Elyette, in der Rue Caulaincourt nördlich des *butte* Montmartre gelegen. Wer Madames prüfendem Blick standhält, wird zunächst amüsiert sein von dem Rendezvous der Wirtsleute mit sich selbst: Ein Photo über der Bar, das Madame und Monsieur in jugendlicher Frische und sonntäglicher Aufmachung zeigt, und darunter leibhaftig, ein wenig in die Jahre gekommen, wie sie hinter der Theke den Wünschen ihrer Gäste nachkommen.
Andererseits haben sich die Künstlertreffs der zwanziger und dreißiger Jahre am Montparnasse, Le Dôme und Le Sélect, in Renommierkneipen verwandelt. Im Dôme geben holzgerahmte Photographien am ehesten Aufschluß über den Wandel der Zeit: Picasso und Cocteau, Chagall und Bonnard, Braque und Giacometti, die Aktmodelle des Derain wirken wie Wesen eines anderen Sterns.

Im Grand Café Marly.

Le Cardinal

Das Le Cardinal, ein Paradefall steter Veränderung: Zunächst in eine Auberge d'Alsace verwandelt, die komplette Einrichtung wie das Ölbild des Kardinal Richelieu verschwunden, stattdessen flächige Wandmalerei – ein schimmelgezogener Bauernkarren, dem Mägde und Burschen jugendfroh zujubeln; 1988 wurde der Besucher abermals irritiert: das Cardinal war wieder auferstanden, nun mit verspiegelten Wänden statt rustikalem Plunder, das Ganze in Art déco – nouveau, versteht sich –, die Kellner von jener Art, die man cool und unbeteiligt mancherorts finden kann. Heute auf Gemütlichkeit zurückgestylt, ein amorphes Allerlei ohne Stil und Grandezza.

Metro-Station Richelieu-Drouot mit Blick auf das Café Le Cardinal.

Café de la Paix

Café de la Paix an der Place de l'Opera. Ein gediegener Treffpunkt, dessen Räume sich mit viel Wärme und Eleganz darbieten und der sich unveränderter Beliebtheit erfreut.

CHEZ JEANNETTE

Chez Jeannette in der Rue Faubourg St-Denis. Eine der letzten originellen Pariser Café-Kneipen für Studenten, Arbeiter und kleine Angestellte.

TABAC LE MOUFFE

Das Tabac le Mouffe in der Rue Mouffetard schlummert den Tag über in seichter Melancholie. Turbulentes Durcheinander nur während der paar Stunden Marktzeit, in denen sich Touristen mit Ansässigen die lange Theke teilen.

Monsieur Raymond Costes, Garçon im
Café Les Deux Magots.

Café Les Deux Magots

Café Les Deux Magots (d.h. Berberaffe, auch groteske Figur, häßlicher Kerl). Mit diesem Café verbindet sich eine Parade großer Namen: seit 1885, den Zeiten Verlaines, Rimbauds und Mallarmés, haben die Räume mehr Künstler gesehen, „als der Rest der Welt besitzt". Und es hieß, nur wer hier angenommen war, konnte es in einer der drei Künste zu etwas bringen, die den Franzosen heilig sind: die Literatur, die Malerei und die Politik.

Typisches Paris von einst. Ein Petit-Café im Marais der siebziger Jahre.

Café-Bar La petite Renaissance

Die Café-Bar La petite Renaissance unweit der Porte de Clignancourt ist noch ein lebendiges, von den großen Umtrieben jedoch vergessenes Stück Pariser Geschichte.

Café La Palette

In der Rue de Seine drängen sich die Gemäldegalerien. Wie kann das Café am Platz anders als La Palette heißen? Paletten an den Wänden, über der Bar, Objekte, von ihren Benutzern zwecks Umformung in dekorative Elemente schnöde verlassen.
Das Aufschneiden eines Baguette gehört zu den rituellen Handlungen eines Pariser Bistros.

NANCY

Café Le Commerce

Am Place Stanislas gelegen. Eine wundervolle Decke samt Kristallüstern, Jahrgang 1850, scheint herausgeschnitten zu sein aus einem Palais des 18. Jahrhunderts und aufgeklebt auf einen Kaffeehausraum, der sich in seiner heutigen zweckgebundenen Art höchst prunklos darbietet.

Café am Place Stanislas

Umstellt von prächtigen Gebäuden, vierwinkelig mit einem einzigartigen Gitterwerk des 18. Jahrhunderts versehen – die Provinzfürsten von damals haben nach Versailles geschielt.

GRAND CAFÉ MOULINS

Oben: Garçon Hannel präsentiert seinen Gästen eine Tafel mit dem Speiseangebot zu Mittag.
Unten und gegenüber: Lunchtime im Grand Café Moulins.

MOULINS

Prächtige Provinz. Trotz herrlicher, friedvoller Landschaft befällt Zweifel die Seele. Angst kriecht hoch auf dieser Fahrt über windungsreiche Sträßchen nach Moulins, ob diese Reise tatsächlich im Grand Café Moulins, einst glanzvoller Ort der Aristokratie, enden wird. Zwei Jahre Arbeit und Investitionen des Inhabers Maurice Pocheron und seiner Frau, Madame Jacqueline, die die Küche betreibt, waren notwendig, dieses wahnsinnige Dekor nach dem Geschmack der Pompadour zu erhalten und wieder mit Leben zu füllen.

NIZZA

Bei Einfahrt auf der mehrspurigen Piste am frühen Morgen kann sich der Autofahrer in aller Ruhe die Fahrspur aussuchen – und ob er den einsamen Gemüsewagen vor ihm links oder rechts überholt. Auf dem Pflaster von Nizzas Prachtboulevard, der Promenade des Anglais – gründlich leergefegt und blank poliert –, spiegelt sich die Morgensonne. Eine Etage tiefer, auf dem weißen Kiesstrand, öffnet sich ein Schlafsack, der Arm eines Rucksacktouristen schiebt sich durch den Reißverschluß und prüft mit leichten Bewegungen Luft und Stand der Sonne. Ein Frühstück in Negrescos historischer Rotonde begrüßt den Tag auf ebenso amüsante wie höchst feine Weise. Wer indes unter diesem Baldachin bunt bemalter Holzpferdchen nicht gleich sein Tagesbudget loswerden will, der findet am Boulevard Gambetta, Ecke Rue de la Buffa, das Café de la Buffa, in dem vorzüglicher *café* – Italien läßt grüßen – und frische Croissants den Magen garantiert in freundliche Stimmung versetzen.

HOTEL NEGRESCO

An der Promenade des Anglais.
Die Rotonde im Hotel Negresco aus dem Jahr 1912.
Lauschige Plätzchen, premier étage.

BIFFI
RICORDI
RICORDI
sestante
sestante

MAILAND

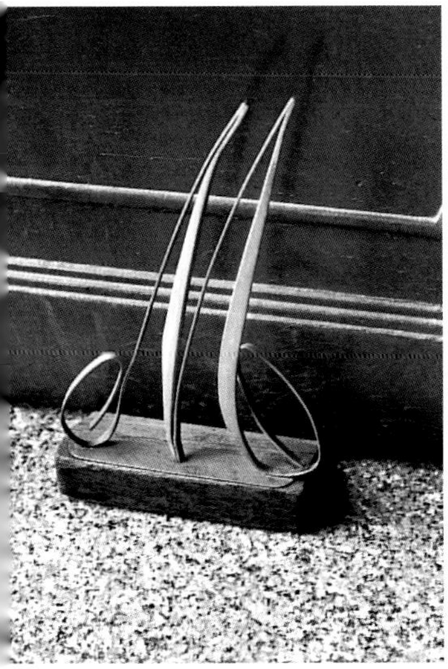

Gelobtes Kaffeeland! Eintauchen in eine unvergleichliche Atmosphäre – in einen vertrauten Stiefel schlüpfen.
Magischer Punkt Barraum, des Gastes Arena. Scharfe Trennung der Räume, hier Kommunikation, Trubel, dort Zurückgezogenheit, ja Einsamkeit des Kaffeehausbesuchers. Entsprechend der Mentalität des konditionsstarken Italieners, der gern steht, unendlich lang und unermüdlich, der die Nähe sucht, die humorvolle Geste oder die Würze eines Streitgesprächs, bleiben die bestuhlten Räume erlesener Ausstattung häufig leer – zum Lunch werden die Tischchen gedeckt für ein Tête-à-tête oder ein Arbeitsessen mit Geschäftsfreunden.
Neben Wien ist Turin die „Kaffeehaus-wunderbar"-Stadt Europas. Mailand dagegen brilliert mit Ausnahmen wie Biffi, Cova, Magenta oder Taveggia, mit einer beneidenswerten Fülle kleiner und mittlerer Bars hohen Standards und ausgezeichneter *caffè*-Qualität, die das Kapillarsystem dieser weitfügigen norditalienischen Metropole ausmachen. Ein Genuß, Mailands Straßengeflecht abzulaufen, das wahrhaft prächtige und vielseitige Eindrücke vermittelt.

Caffè-Pasticceria Marchesi. 1824 gegründet, ist das Lokal eine der ältesten und besterhaltenen Bars Mailands. Das Emblem der Familien Marchesi wurde zu einem Türstopper verarbeitet. Gegenüber: In der Galleria. Rechts das Caffè Biffi, Filiale der Pasticceria.

CAFFÈ
CAFFÈ DOPPIO
CAFFÈ CORETTO
NAZIONALE
MIT HEIMISCHEM SCHNAPS
CAFFÈ CORRETTO ESTERO
CAFFÈ PANNA
MIT SAHNE
CAPPUCCINO
CAFFÈ LATTE/MACCHIATO
CAFFÈ FREDDO

CAFFÈ MARCHESI

An der Bar. Giancarlo, der „Sir" genannt wird – ist sein Ausdruck wirklich so britisch?

Der Barist Nicola im Café Taveggia.

Oben: Caffè Taveggia. Commesse Helga und Michela, Abteilung Pasticceria und Confitteria.
Unten: Tortenangebot im Schaufenster. Vorne und Mitte links:
Nougat, Mandel, rechts: Obst, Schokolade.:

Caffè-Pasticceria Taveggia

1910 gegründet und 1930 an die heutige Adresse, die Via Visconti Modrone, verlegt. Die strenge Trennung von Bar- und Kaffeehausraum ist ein klassisches Beispiel der italienischen Caffè-Kultur. Familienbetrieb seit Bestehen, in den sich der noble Stammgast einfügt und so alle Vorzüge achtungsvoller Bedienung erfährt.

V E R O N A

Figurenensemble an der Ponte Vittoria.

Nicht nur das römische Amphitheater mit seinen phänomenalen Open-air-Opernaufführungen – über den Arien der Aida und des Radames steht der Mond am nächtlichen Himmel Veronas – sowie der Evergreen „Romeo und Julia" faszinieren Gäste aus aller Welt, sondern auch das Antico Caffè Dante, Oberitaliens schönstes Kaffeehaus, wie es heißt.
Dieser gesellschaftliche Treffpunkt vergangener Jahrzehnte an der Piazza dei Signori, etwas abseits der turbulenten Piazza Erbe, Veronas ältestem Stadtteil, hat mit seiner Schließung Ende der achtziger Jahre seine entwürdigendste Zeit erlebt und inzwischen Auferstehung gefeiert. Gedeckte Tische erwarten heute den Gast in einer Institution, die schon vor ihrer Namensgebung nach Dante Alighieri anno 1865 in der Historie verankert war.

C A F F È   D A N T E

Das Caffè Dante im historischen Zustand auf einem Photo von 1986: ovale Marmortische, roter Plüsch, zwölfarmige Lüster im Originalzustand, 220 Jahre alt.
Gegenüber: Eine Photoperspektive von heute: die Lüster sind verblieben.

CAFFÈ TUBINO

Reizender Kontrast zum Dante, neben Kaffee auch vollgestopft mit Tee und anderen Genußmitteln. In Verona am Corso di Porta Borsari gelegen.

A L A S S I O

Das Caffè Balzola verdankt sein Entstehen dem Likörmeister Pasquale Balzola der Turiner Firma Martini & Rosso. Sein Sohn Rinaldo avancierte 1929 im Turiner Königshaus zum obersten Hofbäcker, was der Entwicklung des väterlichen Unternehmens nicht eben hinderlich war. Dieses wurde zu einem Konzertcafé ausgebaut, engagierte die späteren Opernstars Gigli und Schipa und zog damit Schriftsteller und Theaterleute an. Kunst, Kuchen und Likör – wo bleibt der *caffè*?

CAFFÈ BALZOLA

Die Pasticceria, rechts ein Gast an der Bar.

CAFFE'
PLATTI
CAFFE'
PLATTI
1800
Gelatine di Frutta
Frutti di Bosco

TURIN

Wie in Wien fällt es in Turin schwer, sich für ein Kaffeehaus zu entscheiden: morgens in die Augustus-Bar, deutsch anmutendes Blümchengeschirr, darin ein Fünfsterne-*caffè*, zwei Etagen, mittags in die Polster der Terrasse des Torino. Und abends? Mulassano oder Platti. Neben einer Fülle moderner, elegant eingerichteter Bars sind es die großen Namen, über die sich die Jahrzehnte türmen – äußerst lebendig oder künstlich beatmet wie das San Carlo, das einstige „Wohnzimmer Turins", in dem ein Eiscremekonzern eine Verkaufsstelle eingerichtet und damit einen herausragenden Platz mehr in Beschlag genommen hat. Allein das Caffè Baratti & Milano ist eine Reise wert – eine unglaubliche Fundgrube für Feinschmecker und Augenästheten.

CAFFÈ-PASTICCERIA PLATTI

1870 als Liquoristeria gegründet, hieß das Lokal zunächst „Principe Umberto"; sein heutiger Name wurde mit dem neuen Besitzer 1891 eingeführt. Im barocken Kaffeehaussaal befinden sich pastellfarbene Gemälde an der Decke. Gegenüber: Fensterfront des Caffè.

Caffè Fiorio

Das aristrokratischste Caffè Turins, einst Treffpunkt von Ehrenmännern, Diplomaten und Intellektuellen, wurde 1780 gegründet und 1845 renoviert. Die Klientel hat sich in der Zwischenzeit verändert …

Die Terrasse der Bar Augustus an der Via Roma.

GBG
PUNCH

Häagen-Dazs

BARCELONA

CAFÉ DE L'OPERA

Die Terrasse auf den Ramblas (oben) und der Innenraum des Café (rechts).

Caramba, Rambla – Wolken von Urlaubern sind in diese wundervolle Stadt eingefallen, dringen ein in die Kostbarkeit eines funktionierenden, sozialen Gefüges, das historische Gerüst, und verleiben sich die unaussprechliche Süße dieser Stadt ein. Madrid, wahre Metropole gleich Mailand oder New York, fordert alles ab, um der Power, dem Druck dieser imperialen Gigantik standzuhalten, während Barcelona die Atmosphäre eines unendlichen Freizeitparks nicht abzuschütteln vermag.
Trotz Hitze ist das Café de l'Opera – internationaler Meetingpoint – zum Abend hin voll bis auf den letzten Stuhl, während eine Gruppe älterer Damen und Herren, die letzten Eingeborenen Barcelonas, bescheiden auf der Terrasse Platz genommen haben. Umso mehr bestticht die Kargheit des Café Zurich, dort findet sich nicht dieses leichtfertig zur Schau gestellte Fleisch, das den Zorn der Götter erregen mag. Draußen, im Getümmel der Plaça Catalunya, steht reglos ein alter Mann, korrekt gekleidet bis zum Scheitel. Hut, rote Krawatte, taubenblauer Anzug, auf einen Stock gestützt. So reglos, wie sich Witzfiguren auf der Rambla – römischer Legionär in kriegerischer Haltung, der im Zeitlupentempo von Mal zu Mal seine Lanze bewegt – einer gaffenden Menge zur Schau stellen, so steht er da mit versteinertem Gesicht, vom Leben gegeißelt – dem Ansturm der Jugend ausgesetzt, ihrer Unbekümmertheit, ihren intakten Körpern in kaum verhüllter Nacktheit, ein Mensch seiner Stadt, in der er längst zum Fremden geworden ist.

CAFÉ ZURICH

Gegenüber: Barcelonas Señores unter sich.

MADRID

Es ist ein unbeschreibliches Gefühl, nach einer Stunde im Café Gijon den eleganten Flanierstreifen des Paseo de Recoletos zu betreten – das Gesicht Don „Pepes" vor Augen, eines Kaffeehausfürsten gleich Leopold Hawelka in Wien, der täglich lange Stunden hinter der Bar im Gijon seinen Gästen aufwartet. Sich treiben lassen hin zur Plaza de Cibeles, vorbei an den architektonischen Phantasmen dieser Prunkmeile, der Banco de España mit ihrer höchst dekorativen, mit Uhren bestückten, spitzwinkeligen Stirnseite, dem Metropolis-Gebäude an der Pforte zur Gran Via, weithin sichtbar die figurenbetonte Kuppel. Einen Blick in das monumentale Café im Teatro Bellas Artes werfen, sich vor der imperialen Gebärde der Bauten an der Gran Via, die das Bedrohliche verloren hat, sich auflöst in atmosphärische Strömungen, eine Verbeugung gestatten und sich in den prachtvollen Interieurs und dekorativen Elementen ausleben, die ein Manifest dieser Stadt zu sein scheinen …

Café de Oriente

Café aus dem Jahr 1982 – ein gelungenes Revival luxuriöser Ausstattungen früherer Liner und Orient-Expreß-Züge: mächtige, messingfüßerne Kandelaber, kostbare Hölzer, Materialien, die im Licht der Abendsonne aufleuchten. Sogar die Karte mit dem Angebot verschiedener cafés *ist dekorativ eingefaßt.*

„Die Pforte" zur Gran Via mit dem Metropolis-Gebäude.

Die durchgesessenen Unterbausprungfedern der samtroten, von Brandflecken gezeichneten Polster – mehr als hundert Jahre Gran Café Gijon. Es ist die von Zeit und Kultur durchtränkte, robuste Einfachheit, die fasziniert. Ein Treff nicht nur der Madrider Gesellschaft, sondern honoriger und exklusiver Gäste wie Fernando Arrabal, Luis Buñuel, Salvador Dalí – „Hemingway was here" (wo eigentlich nicht hat er seine Duftmarke hinterlassen?). Picasso? No. Tochter Paloma? Häufig. Eine Liste, die immer länger wird.
Gijon-Chef Don „Pepe" Jose Lopez de Brito mit Schwester Marisa, auch sie aktiv im Geschäft tätig, zwei von fünf Eigentümern in dritter Generation. Einmal mehr klagt man über die „Entkernung" traditioneller Madrider Cafés durch Banken und Fast-food-Ketten. „Heute kommen umso mehr die Leute zu uns …" Eine letzte Bastion, dieses Gran Café Gijon!

Ein Betrieb im Betrieb des Gran Café Gijon: Señor Alfonso, der seit fast zwanzig Jahren zur „Familie" gehört, zaubert einiges mehr als diverse Sorten Zigaretten aus seiner „internationalen Boutique". Dahinter die feinen, auf Etikette bedachten Madrider Herren, die sich ihrer Jacketts entledigt haben – die kommunalen Temperaturanzeiger stehen auf 35 Grad.

Im Gran Café Gijon.

Don „Pepe" José Lopez de Brito – Kaffeehausfürst von Madrid.

PATXARAN, CAFÉ NATA Y AZUCAR
MIT BRANDY, SAHNE UND ZUCKER
CAFÉ EXPRÉS SOLO O CON LECHE
KLEINER SCHWARZER MIT MILCH
CAFÉ EXPRÉS CON NATA
KLEINER SCHWARZER MIT SAHNE
CAFÉ EN VASO DE CAÑA
CARAJILLO MIT ANIS ODER COCÑAC
CARAJILLO DE WHISKY

LISSABON

Das Café A Brasileira, in der Rua Garrett gelegen. Ein klarer Fall statt diffuser Histörchen – ist es nicht ein erregendes Gefühl, in einem Kaffeehaus Platz zu nehmen, wo einst Fernando Pessoa saß? Der Dichter, der sich für sein Werk konsequent dem Alkohol ausgeliefert hat und inzwischen zum Volkshelden avancierte, wird seit seiner Umbettung ins Panthéon wie ein Heiliger verehrt. So hat er nicht nur seine Dichtung, sondern dazu auch sein Kaffeehaus als Kultstätte der Nachwelt hinterlassen. Heute spiegelt sich hier nicht eben ein Bild von weltentrückten Dichtern. Am ehesten ist es der Morgen, wenn Lissabons frühe Stunden hereinfallen und nachttrunkene Gestalten einen *duplo* bestellen, um wieder auf die Beine zu kommen, der den Versen Pessoas Gehör verschaffen könnte.

Café-Restaurant Martinho da Arcada

1782 gegründet und einst von Dichter Fernando Pessoa beehrt. Heute ein typischer Frühstückstreff in Lissabon.

CAFÉ A BRASILEIRA

Entrée (links) und Kaffeehausraum (unten)

CAFÉ OU CARIOCA DE CAFÉ
kleiner Schwarzer

GARATO
kleiner Schwarzer mit Milch

CAFÉ SOLUVEL OU SEM CAFEÍNA
Nescafé oder
koffeinloser Kaffee

CHAVENA DE CAFÉ C/LEITE
grosser Schwarzer mit Milch

SERVIÇO DE CAFÉ C/LEITE
wenig Kaffee mit viel Milch

GALÃO C/CAFÉ DE MÁQUINA
Espresso mit heisser Milch/
Café aus der Maschine

GALÃO
Glas Kaffee mit heisser Milch

GALÃO C/NESCAFÉ
Nescafé mit heisser Milch

IM SÜDEN PORTUGALS WIRD DER KLEINE SCHWARZE BZW. ESPRESSO AUCH BICA GENANNT.

Café Versailles

Unten: Eine Herrenrunde.
Rechts: Drei Herren Baristen hinter der Theke.
Gegenüber: Blick auf die grandiose Rückfront des Café Versailles, in der sich die Durchreiche zur Küche verbirgt.
Ein letzter Gruß mit Dank an das Personal, das zu einem erheblichen Teil zuständig war für genußvolle Stunden, die zur Wiederkehr einladen, und eine Atmosphäre, die ein Kaffeehaus auszeichnen sollte.

Finale im Café Versailles.
Finale in einem Raum großer Schönheit und Erhabenheit,
der einmal mehr die Begeisterung entfacht.
Der rechte Platz also für einen letzten *café*,
der wehmütig stimmen muß
beim Abschied von einer langen Reise
durch Europas hervorragendste Kaffeehäuser.

ADRESSEN

WIEN

Café Alt-Wien
Bäckerstraße 9
1010 Wien

Café Bräunerhof
Stallburggasse 2
1010 Wien

Café Central
Herrengasse 13
1010 Wien

Hof-Konditorei Demel
Kohlmarkt 14
1010 Wien

Konzertcafé Dommayer
Dommayergasse 1/
Auhofstraße 2
1130 Wien

Café Eiles
Josefstädter Straße 2
1080 Wien

Café de l'Europe
Graben 31
1010 Wien

Café-Restaurant Frauenhuber
Himmelpfortgasse 6
1010 Wien

Café-Restaurant Landtmann
Dr.-Karl-Lueger-Ring 4
1010 Wien

Café Mozart
Albertinaplatz 2
1010 Wien

Café-Restaurant Prückel
Stubenring 24
1010 Wien

Café-Restaurant Hotel Sacher
Philharmonikerstraße 4
1010 Wien

Café Sperl
Gumpendorfer Straße 11
1060 Wien

Café Tirolerhof
Tegetthoffstraße 8
1010 Wien

SALZBURG

Café Tomaselli
Alter Markt 9
5020 Salzburg

GRAZ

Opern-Café
Opernring 22
8010 Graz

BUDAPEST

Anna Café
Váci u. 7
1055 Budapest

Café Gerbeaud
Vörösmarty tér 7
1051 Budapest

Café Müvész
Andrássy út 29
1065 Budapest

Café New York
Erzsébet krt. 9-11
1073 Budapest

PRAG

Café-Bar Ethno
Husova 10

Café im Hotel Evropa
Václavské námesti 25

Café im Hotel Pariz
U Obecního Domu 1

Segafredo Espresso
Palais Savarin
Na Prikope 10

WARSCHAU

Café A. Blikle
Nowy Świat 35
00-029 Warschau

Café Bristol
im Hotel Bristol
Krakowskie Przedmiescie
42/44
00-325 Warschau

Café-Restaurant Ambasador
Ul. Ujazdowskie 8

Café Kawarnia Gwiazdeczka
(d.h. Zum kleinen Stern)
Ul. Piwna 38/40
00-265 Warschau

Café Nowy Świat
Ul. Nowy Świat 61
00-029 Warschau

BERLIN

Café Einstein
Kurfürstenstraße 58
10785 Berlin

Café Einstein
Unter den Linden 5
10117 Berlin

Opernpalais
Unter den Linden 5
10117 Berlin

Paris-Bar
Café-Restaurant
Kantstraße 152
10623 Berlin

Café-Restaurant Zucca
Am Zwirngraben 11–12
10178 Berlin

HAMBURG

Arkaden-Café
Alsterarkaden 9-10
20354 Hamburg

Cappuccino
Große Bleichen 16
Passage Hamburger Hof
20354 Hamburg

Café-Konditorei Lindtner
Eppendorfer-Landstr. 88
20249 Hamburg

Rösterei Caféhaus Hamburg
Mönckebergstraße 7
20095 Hamburg

Bar Tabac
Große Bleichen 21
Galleria Passage
20354 Hamburg

FRANKFURT

Café Bar Fellini
Diesterwegstraße 1
D-60594 Frankfurt/M.

Harveys Café
Bar-Restaurant
Bornheimer Landstr. 64
60316 Frankfurt/M.

Café Karin
Großer Hirschgraben 28
60311 Frankfurt/M.

Opern-Café
Bar-Restaurant
Opernplatz 10
60313 Frankfurt/M.

Wackers Kaffeegeschäft
Kornmarkt 9-11
60311 Frankfurt/M.

Wackers Café
Mittelweg 47
60311 Frankfurt/M.

Wackers Café
Bergerstraße 185
60385 Frankfurt/M.

MÜNCHEN

Eis-Café Adria
Türkenstraße 59
80799 München

Alois Dallmayrs Kaffee
Dienerstraße 14-15
80331 München

Literatur-Kaffeehaus Dukatz
Salvatorplatz 1
80333 München

Café Glockenspiel
Restaurant-Bar
Marienplatz 28
Eingang Passage
80331 München

Opern-Espresso
Maximilianstraße 6
80333 München

Schumann's
American Bar
Maximilianstraße 36
80539 München

Café Wiener Platz
Innere Wiener Straße 48
81667 München

DÜSSELDORF

Café-Bistro
In der Mata Hari Passage
Hunsrückenstraße 33
40213 Düsseldorf

Otto Bittner Café-Konditorei
Kasernenstraße 10
40213 Düsseldorf

Bazzar Caffè
Wilhelm-Marx-Haus
Heinrich-Heine-Allee 53
40213 Düsseldorf

Kaffeehaus Käfer
Königs-Allee 60 A
40212 Düsseldorf

Poccino
In den Schadow-Arkaden
40212 Düsseldorf

LEIPZIG

Café Concerto
Thomaskirchhof 12/13
04109 Leipzig

Café Riquet
Schumachergäßchen 1
04109 Leipzig

SCHWERIN

Café Prag
Schloßstraße 17
19053 Schwerin

ZÜRICH

Gran Café Feller
Limmatquai 66
8001 Zürich

Café Odeon
Retaurant-Bar
Am Bellevue
8024 Zürich

Cafeteria zur Münz
Münzplatz 3
8001 Zürich

AMSTERDAM

Café-Restaurant Dantzig
Zwanenburgwal 15
1011 VW Amsterdam

Café de Jaren
Nieuwe Doelenstraat 20-22
1012 CP Amsterdam

Café Luxembourg
Spui 24
1012 XA Amsterdam

Grand Café l'Opera
Rembrandtplein 27-29
1017 CT Amsterdam

Grand-Café-Restaurant Raffle's
Kl. Gartmanplantsoen 5
1017 RP Amsterdam

Ritz-Café
Rembrandtplein 11-15
1017 CT Amsterdam

BRÜSSEL

Café-Restaurant A la Mort Subite
Rue Montagne-aux-Herbes Potagères 7
1000 Brüssel

Café-Restaurant Falstaff
Rue Henri Mausstraat 17-23
1000 Brüssel

Café-Restaurant Le Cirio
18-20, Rue de la Bourse
1000 Brüssel

Hotel-Café Metropol
31, Place de Brouckère
1000 Brüssel

Mokafe
9, Galerie du Roi
1000 Brüssel

LUXEMBURG

Namur
Patissier, Confiseur, Glacier
Rue de Capucins
Ecke Rue Beaumont

Café de Paris
16, Place d'Armes

Café-Restaurant Hôtel Francais
Place d'Armes

PARIS

La Palette
43, Rue de Seine
75006 Paris

Grand Café Marly
Palais du Louvre
Cour Napoleon
99, Rue de Rivoli
75001 Paris

Café-Bar La petite Renaissance
36, Boulevard Ornano
75018 Paris

Café Les Deux Magots
6, Pl. St-Germain-des-Prés
75006 Paris

Café de Flore
172, Boulevard St-Germain
75006 Paris

Café Le Dôme
108, Boulevard Montparnasse
75006 Paris

Café Le Sélect
99, Boulevard Montparnasse
75006 Paris

Café-Restaurant Fouquet's
Av. des Champs-Elysées
75008 Paris

Café George V
120, Av. Champs-Elysées
75008 Paris

Café Le Mazarin
16, Boulevard Montmartre
75009 Paris

Café Chez Jeannette
47, Rue du Faubourg St-Denis
75010 Paris

MOULINS

Le Grand Café
49, Place d'Allier

NANCY

Café-Brasserie Le Commerce
1, Place Stanislas
5400 Nancy

Grand Café de Foy
Place Stanislas
5400 Nancy

NIZZA

La Rotonde
Hotel Negresco
Promenade des Anglais

Café de la Buffa
16, Bd. Gambetta

LYON

Grand Café Négrociants
2, Place Francisque Régaud
69002 Lyon

BORDEAUX

Bar des Quatre Soeurs
6, Cours du 30 juillet

MONTE CARLO

Le Café de Paris
Place du Casino

MAILAND

Caffè-Pasticceria Biffi
Corso Magenta, 87
20123 Mailand

Caffè-Pasticceria Confetteria Cova
Via Montenapoleone, 8
20121 Mailand

Bar Magenta
Via Carducci, 13
20123 Mailand

Caffè-Pasticceria Marchesi
Via S. Maria alla Porta, 11/A
20123 Mailand

Caffè-Pasticceria Taveggia
Via Visconti Modrone, 2
20100 Mailand

VERONA

Antico Caffè Dante
Piazza dei Signori, 2

Caffè Tubino
Corso di Porta Borsari

ALASSIO

Caffè-Pasticceria Balzola
Piazza Matteotti, 26
17021 Alassio

TURIN

Bar Augustus
Via Roma, 86

Caffè-Pasticceria Baratti & Milano
Piazza Castello, 29
10123 Turin

Caffè-Gelateria Fiorio
Via Po, 8
10100 Turin

Caffè-Pasticceria Platti
Corso V. Emanuele, 72
10128 Turin

BARCELONA

Café de l'Opera
La Rambla, 74
08002 Barcelona

Café Zurich
Plaça Catalunya, 1
08002 Barcelona

Cafeteria Club Coliseum
Rambla Catalunya, 23
08002 Barcelona

Cafeteria, Pastisseria Forn de Sant Jaune
Rambla Catalunya, 52
08002 Barcelona

MADRID

Gran Café de Gijon
Paseo de Recoletos, 21
28004 Madrid

Café de Oriente
Restaurante
Plaza de Oriente, 2
28013 Madrid

Café im Theatro Bellas Artes
Salón "La Pecera"
Marqués de Casa Riera, 2
28014 Madrid

LISSABON

Café-Restaurante Martinho da Arcada
Pr. do Comércio, 3
1100 Lissabon

Café A Brasileira
Rua Garrett, 120
1200 Lissabon

Café Restaurante Pastelaria Versailles
Avenida da República, 15 A

Walter Vogel
Zur Person

1932 in Düsseldorf geboren, lernte Walter Vogel zunächst Maschinenschlosser und wurde Ingenieur, bevor er das Photographieren zu seinem Beruf machte. 1963 wechselte der Dreißigjährige vom Konstruktionsbüro an die Folkwangschule in Essen-Werden, die er 1968 unter Leitung von Prof. Otto Steinert mit Examen abschloß.
Erste Photos der engeren Heimat waren schon 1950 bis 1962 entstanden – frühe Arbeiten waren Reportagen über das Ruhrgebiet und den Zirkus ebenso wie Porträts von Künstlern um die Galerie Schmela, darunter Josef Beuys und Daniel Spoerri, und im Dunstkreis der Düsseldorfer Altstadt sowie von Tänzerinnen der Folkwangschule und der Choreographin Pina Bausch während der Studienjahre.
In der Folge wird Vogel von den deutschen Photopäpsten Kempe, Steinert und Pawek gefördert, entzog sich jedoch Mitte der siebziger Jahre den sich daraus ergebenden Verpflichtungen – ausgelöst durch eine Zeit des Reisens: New York und Zentralafrika als antipodische Zivilisationspunkte, die Konfrontation mit dem Tourismus und sein Einbruch in die asiatische Kultur waren bestimmende Erlebnisse und beeinflußten seine Arbeiten bis 1976, gleichzeitig mit dem Bemühen, traditionelle und damit gefährdete Milieus in Genua, Paris und Lüttich zu dokumentieren. 1977 erfolgte der Umzug nach Frankfurt/Main, womit sich mehr als ein Ortswechsel vollzog. Themenkreise wurden nun enger gezogen. Schon früh war das Medium „Photobuch“ erstrebenswertes Endprodukt, inspiriert von den Epoche machenden Werken von Avedon und Penn, auch Brassai war Vorbild und Ansporn.
Es entstand die Vision des „erzählenden Photobuchs“, verbunden mit dem festen Willen, diese Vision in die Tat umzusetzen. So wurden erste Text-Bild-Berichte Anfang der achtziger Jahre veröffentlicht und Espresso und Travestie bestimmende Arbeits- und Lebensinhalte. Reisen nach Italien und nach Paris bereicherten das vorhandene Œuvre; neben den Cafés und dem Travestie-Nightlife boten die Museen klassischer Malerei Ruhepunkte in der Unstetigkeit des Lebens.
Die künstlerischen und biographischen Erfahrungen fanden ihren Niederschlag in Buchform: „Espresso. Caffè-Bars in Italien“ und „Die Schönen der Nacht“ (beide im Verlag Christian Brandstätter erschienen) markieren nicht nur einen Lebensabschnitt, sondern sind „die authentische und ehrliche Quintessenz einer über 15 Jahre währenden fotografischen Annäherung an eine Passion“ (Journal Frankfurt). Dasselbe gilt auch für den Band „Das Café“, in dem Walter Vogel sein leidenschaftliches Bekenntnis zur europäischen Kaffeehauskultur zum Ausdruck bringt.

Danksagung

Die abgebildeten Photographien entstanden zwischen 1973 und 1995.

Ich bin allen hier abgebildeten Cafés zu großem Dank verpflichtet – nicht nur, was die Erlaubnis zu photographieren betrifft, sondern für freundschaftliches Entgegenkommen und Hilfestellung für den Quälgeist Photograph.
Aber was ist ein Kaffeehaus ohne seine Gäste? So danke ich auch allen Personen, die sich für ein Photo zur Verfügung gestellt haben oder zufällig auf ein Bild geraten sind, sowie ganz besonders auch dem Personal.
Dank der Firma Alois Dallmayr für den Einblick in ihre Rösterei, dem Haus Sacher für die Erlaubnis, dem Geheimnis einer Torte nachzuspüren, den Eigentümern der Cafés Gijon, Einstein und Moulins sowie den Geschäftsführerinnen der Budapester Cafés Anna, Gerbeaud und New York.
Besondere Hilfestellung habe ich in folgenden Häusern erfahren:
Balzola, Biffi, Blikle, Brambilla-Bar, Café Wiener Platz, Dante, Café de l'Europe, Falstaff, Frauenhuber, Harveys, Hawelka, Les Deux Magots, Mozart, Paris-Bar, Platti, Prückel, Segafredo, Taveggia, Versailles, Wacker's Kaffeegeschäft.
Dank auch den Damen Iwona Chielecka und Marta Duca, die mich durch Warschau bzw. Mailand geführt haben.

Die Deutsche Bibliothek - CIP-Einheitsaufnahme
Ein Titelsatz für diese Publikation
ist bei Der Deutschen Bibliothek erhältlich.
ISBN 3-85498-045-0

1. Auflage 1995
2. Auflage 1996
3. überarbeitete und ergänzte Auflage 2001

Der Entwurf des Schutzumschlags und die graphische
Gestaltung des Werkes stammen von Jörg Eigenmann,
die Überarbeitung des lay-outs erfolgte durch
Christian Brandstätter und Walter Vogel.
Die technische Betreuung besorgte Franz Hanns,
das Lektorat Elisabeth Hölzl.
Die Gesamtherstellung erfolgte bei Druck & Neue Medien
Grasl, Bad Vöslau.
Gesetzt wurde aus der Bauer Bodoni, 9 auf 13 Punkt.

Coverbild: Café de l'Opera, Barcelona
Text: Walter Vogel

ISBN 3-85498-045-0
Christian Brandstätter, Verlagsgesellschaft m.b.H.,
A-1014 Wien, Schwarzenbergstraße 5
Telephon (++43-1) 5121543-233
Fax (++43-1) 5121543-231
e-mail: cbv@oebv.co.at
www.brandstaetter-verlag.at